SAINT RONAN

ET LA

TROMÉNIE

Cinquième Édition

BREST
IMPRIMERIE DE LA PRESSE LIBÉRALE DU FINISTÈRE
4, RUE DU CHATEAU, 4

SAINT RONAN

ET LA TROMENIE

SAINT RONAN

ET LA TROMÉNIE

CINQUIÈME EDITION

BREST
IMPRIMERIE DE LA PRESSE LIBÉRALE DU FINISTÈRE
4, Rue du Château, 4

1923

SAINT RONAN

ET LA TROMENIE

Le 12 mars 1887, notre « Semaine religieuse », qui ne comptait pas encore six mois d'existence, parlait pour la première fois à ses lecteurs de la prochaine grande fête sexennale en l'honneur de saint Ronan. Jamais encore, avant cette date, notre grande procession, d'une physionomie si bretonne, n'avait occupé la presse ; à peine les journaux religieux en avaient-ils dit quelques mots. M. le Recteur de Locronan, désirant vivement faire connaître la **Troménie** dans toute la région, me pria de préparer la prochaine fête par quelques articles sur saint Ronan et son pèlerinage, et c'est avec bonheur que je publiai dans la « Semaine » les pages suivantes, qui furent bientôt réunies en brochure.

L'attention publique ayant été ainsi fixée sur notre prochaine fête, les organes religieux des diocèses voisins en parlèrent à leur tour, et pour la première fois, la **Troménie** vit, au milieu de ses innombrables pèlerins paysans ou pêcheurs, beaucoup de gens des villes; parmi ceux-ci il en était qui appartenaient aux classes les plus élevées; les prêtres aussi vinrent plus nombreux qu'on ne les avait jamais vus.

En 1893, il y avait encore **Grande Troménie** à Locronan; notre « Semaine » l'annonça, mais cette fois, elle n'était plus seule; en ces six années, plusieurs publications périodiques avaient vu le jour en Bretagne ou dans les provinces voisines, et travaillaient très efficacement à faire connaître nos vieilles coutumes, à en faire goûter toute la poétique saveur. « L'Hermine » ne se contenta point de reproduire quelque article glané au loin ; son éminent et très sympathique directeur, M. Tiercelin, vint voir lui-même, et publia une description aussi exacte que gracieuse.

Désormais la **Troménie** attire plus que jamais ceux qui sont exclusivement pèlerins, mais elle fait venir aussi vers saint Ronan beaucoup de voyageurs sur lesquels s'exerce principalement l'attrait de ces coutumes bretonnes dont je parlais tout à l'heure. Non seulement nous n'avons ni le droit ni la possibilité de les exclure, mais nous sommes heureux de les voir se joindre à nous; si la piété n'est pas leur principal mobile, elle n'est pas nécessairement exclue de leur programme, et quand ils seront arrivés, quand ils verront la foi de nos braves paysans et de nos marins, ils prieront peut-être avec une égale ferveur.

Quimper, le 23 Juin 1899.

I

On oublie vite, à l'époque où nous sommes; du moins, c'est une accusation souvent portée contre notre génération qui serait, d'ailleurs, excusable : tant de faits se précipitent, tant de paroles sonores retentissent et obtiennent, un instant, l'attention générale !

Se rappelle-t-on bien encore le mot de M. Thiers, en 1873, si je ne me trompe : « Les pèlerinages ne sont plus dans nos mœurs ».

C'était une affirmation bien étrange, au moment où presque tous les vieux sanctuaires de France voyaient accourir les fidèles en longues processions, et où, des lieux naguère inconnus, ou peu s'en faut, recevaient d'innombrables foules, retentissaient de chants enthousiastes.

Ce ne fut pas là une fièvre d'un instant, une dévotion à la mode; c'était une des manifestations les plus frappantes du grand réveil de l'esprit catholique, et, Dieu en soit loué, en 1887, ce grand mouvement des pèlerinages ne s'est point arrêté. Nous aimons à croire qu'il ne s'arrêtera pas (1).

On pourrait dire qu'il entraîne les fidèles par deux courants de dévotion bien distincts: le premier est une recrudescence de piété envers le Verbe Incarné; de là résulte un sentiment d'adoration pour le Cœur qui a tant aimé les hommes, une confiance plus filiale pour la Vierge-Mère de Dieu, un tendre respect pour ceux

(1) En cette année 1899, nous pouvons constater que cette prévision s'est réalisée.

qui ont eu avec Elle une part privilégiée dans l'économie de l'Incarnation, comme l'Aïeule et le Père-nourricier du Sauveur. Voilà pourquoi tant de pèlerins vont prier dans les vieilles églises de Paray-le-Monial, de Notre-Dame de Fourvière, de Notre-Dame de la Garde, de Rumengol, du Folgoat et de Notre-Dame des Portes, dans les basiliques de Montmartre, de Lourdes, de la Salette, de Pontmain, de Saint-Joseph du Chêne, enfin dans l'admirable église que notre Bretagne a élevée à sa glorieuse patronne, sainte Anne d'Auray.

Le second courant, dans cette dévotion des pèlerinages, porte les fidèles vers les Saints de leur pays, vers les hommes dont l'histoire se confond avec celle de leurs aïeux. A côté de la Foi, nous trouvons le patriotisme local, et personne ne l'ignore, celui qui est capable d'aimer le coin de terre où il est né, les vieux et glorieux souvenirs de sa province, celui-là aussi saura aimer la grande et glorieuse patrie française.

Nous avons donc lieu de nous réjouir de ce mouvement de la piété populaire à notre époque, surtout en constatant que la Bretagne y a déjà largement participé. Ce que la Provence a fait pour sainte Marie-Madeleine et le pèlerinage de la Sainte-Baume, le Poitou pour saint Hilaire et sainte Radegonde, la Touraine pour saint Martin, et Paris pour sainte Geneviève, notre pays le fait pour ses saints Patrons. L'année 1886 en a vu deux preuves éclatantes: au mois de Mai, l'ouverture du tombeau de saint Yves donna lieu aux plus belles manifestations de foi dans la ville de Tréguier; nul n'a oublié le triomphe, qu'au mois de Décembre de la même année, notre ville de Quimper décernait à son saint Corentin, et plus récemment, les 4, 5 et 6 Septembre 1897, le Léon exaltait son saint Pol-Aurélien avec autant d'éclat que la Cornouailles et le Tréguier en avaient donné à l'exaltation de leurs saints protecteurs.

Un peu après, une nouvelle fête s'annonçait et nous étions heureux de pouvoir la faire connaître à l'avance, espérant qu'une courte notice pourrait éclairer la piété des pèlerins et leur faire mieux aimer le Saint qu'ils viendraient honorer.

La **Troménie** où pèlerinage en l'honneur de saint Ronan, n'est rien moins qu'une nouvelle invention de la piété; tout ce que notre époque pourra faire pour bien mériter du saint évêque irlandais réfugié en Armorique, ce sera de revenir aux traditions du passé.

La célèbre procession, appelée de ce nom de Troménie, se célèbre tous les six ans, le deuxième et le troisième dimanche de Juillet.

En cette année 1923, elle se célèbrera les dimanches 8 et 15 Juillet. Puis la grande Troménie se refera de nouveau en 1929-1935-1941-1947-1953, etc., etc.

Avant de parler du pèlerinage lui-même, il nous faut tout d'abord dire ce que fut le Saint qui y a donné lieu. Nous avons pour nous guider dans cette étude :

1° Un opuscule que Dom Plaine a composé, en s'appuyant sur le texte original de la **Vie de saint Ronan,** écrite au XIe siècle, d'après des documents antérieurs;

2° **La Légende de saint Ronan,** chant populaire que M. Hersart de la Villemarqué a édité dans le **Barzaz-Breiz,** en l'accompagnant d'un excellent commentaire;

3° **Les Vies des Saints de la Bretagne-Armorique,** par Albert-le-Grand ;

4° **La Vie des Saints de Bretagne,** par Dom Lobineau;

5° Les notes de M. Miorcec de Kerdanet et de l'abbé Tresvaux.

I

La Grande-Bretagne nous a donné beaucoup de Saints; l'Irlande nous a donné saint Ronan ; parmi les liens qui unissent notre pays à cette noble contrée, il n'en est pas qui doive nous la rendre plus chère.

L'auteur de la plus ancienne **Vie** de notre Saint dit que, dès l'enfance, il fut appliqué par ses parents à l'étude des lettres, et qu'il abreuva son cœur altéré de la céleste doctrine. Son père et sa mère étaient donc chrétiens. Ceci nous fixe aussi sur l'époque où vécut saint Ronan; puisqu'il eut, par la suite, des rapports avec Grallon, contemporain de l'apôtre de l'Irlande, il faut que ses parents aient été convertis par saint Patrice lui-même qu'aucun missionnaire n'avait précédé dans ce pays (1) !

Fut-ce bien là toute l'action du grand évêque sur les parents et sur l'enfant ? Nous n'avons pas le droit d'affirmer, mais nous pouvons cependant conjecturer que saint Patrice conféra lui-même à saint Ronan tous les ordres, y compris le sacerdoce, et enfin l'épiscopat; car, d'après l'**Ancienne Vie**, il était revêtu de cet auguste caractère avant de quitter l'Irlande. C'est aussi l'avis de Dom Lobineau et de l'abbé Déric, tandis qu'Albert-le-Grand, faisant naître saint Ronan d'une famille païenne, ajoute ce qui suit : « Dieu luy ayant fait connoistre la superstition du Paganisme, lui fit naistre dans l'âme un ardent désir de chercher la vraye religion. A cette fin, il passa en l'Isle de la Grande-Bretagne, où, ayant conversé parmy les chrestiens et s'estant enquis de leur religion, il reconneut que c'estoit l'unique, laquelle conduisoit au salut éternel, et se résolut de l'embrasser, se fit catéchiser, receut le saint Batesme, et, depuis, s'adonna du tout à l'Oraison et lecture des saintes Escritures, lesquelles, pour la pluspart, il apprit par cœur. »

Mais le récit de cette émigration est positivement contraire au texte formel du vieux manuscrit; nous sommes donc plus porté à croire que saint Ronan reçut de ses parents, sur le sol de l'Irlande, la foi qu'ils avaient reçue de saint Patrice.

Quelle était dans le monde la situation de son père ?

---

(1) Il faut observer, cependant, que le barde irlandais Kieran, qui avait séjourné en Italie, et y avait reçu les saints ordres, fut invité par saint Patrice à le devancer en Irlande ; quand l'apôtre y arriva à son tour, il trouva vingt disciples que Kieran lui avait préparés.

Seul le chant populaire nous répond: « C'était un puissant chef de famille. »

Si les détails bien certains nous manquent sur la naissance, l'enfance et la jeunesse de saint Ronan, en d'autres termes sur toute la période de son existence qui s'écoula avant son départ pour la Bretagne-Armorique, du moins, les récits de sa vie dans notre pays ne présentent guère de divergence.

Un seul point important a donné lieu à des contestations. A-t-il été vraiment évêque ? Ce qui en a fait douter, c'est l'ignorance où l'on était de tout document ancien à ce sujet ; mais le **Vieux mauscrit** porte d'abord comme titre : « Vie du saint et vénérable **pontife** Ronan, » et dans le texte il dit : « Par la grâce de Dieu, Ronan est élevé au **trône pontifical.** » Une preuve non moins évidente, venant confirmer la tradition populaire et le dire de l'ancien écrivain, c'est que toutes les statues de saint Ronan le représentent revêtu des ornements pontificaux (1).

Si l'on peut regarder comme certain qu'il a été évêque, on ignore complètement quel fut son siège épiscopal. M. de Kerdanet insinue qu'il aurait pu n'être qu'évêque régionnaire, mais tout fait croire que saint Patrice attribua un siège déterminé aux nombreux évêques qu'il sacra pour toutes les parties de l'Irlande. D'ailleurs le **Manuscrit** dit positivement qu'il gouvernait un peuple à lui spécialement confié. Ce fut même la grande estime dont il était l'objet de la part de ses fidèles qui alarma son humilité et détermina sa fuite. Il avait acquis la réputation d'un docteur éminent ; mais non content d'enseigner la loi, voulant surtout l'accomplir, il désira suivre Jésus-Christ par des méditations plus attentives, où rien ne viendrait plus détourner son esprit.

(1) Aussi croyons-nous que M. Hirsch a eu grand tort de ne pas représenter saint Ronan comme évêque, dans sa verrière de la cathédrale ; il est vrai qu'il s'est heureusement contredit en donnant une autre image du même Saint dans la chapelle des Trépassés.

Faut-il admettre, avec le chant populaire, qu'un ange le confirma dans ce dessein ? — A coup sûr, si le saint évêque n'eut pas besoin, pour être affermi dans sa résolution, « de voir une clarté et d'entendre la parole d'un bel ange blanc », il dut, au moins, réclamer de Dieu la force pour son cœur, car il aimait son troupeau et son troupeau l'aimait ; mais, d'autre part aussi, il craignait de trouver dans cette reconnaissance même de ses fidèles un obstacle au détachement, un empêchement pour la perfection ; « tout ce qui ne le portait pas directement à Dieu lui semblait distraction, et les honneurs qu'on lui rendait, non seulement dans son diocèse, mais encore dans toute l'Hibernie (Irlande), étaient insupportables à ce saint homme véritablement humble et très pénétré de ces paroles : **Au roi des siècles immortel et invisible, à Dieu seul honneur et gloire ! Il** prit donc enfin la résolution de quitter un pays où il se trouvait trop respecté, et d'aller, en quelques régions inconnues, chercher Dieu dans la solitude » (1).

J'ignore si, comme l'affirme Dom Lobineau, les évêques, au Ve et au VIe siècle, ne faisaient point difficulté de quitter leurs diocèses pour vivre de la vie érémitique, dès lors qu'ils aspiraient à une plus grande perfection ; mais, à supposer même que saint Ronan eût à suivre plus d'un exemple en ce genre, sa fuite dut être un sacrifice bien cruel à son cœur.

Il n'est pas sous le soleil un peuple qui aime le sol natal comme l'aime la race celtique, et l'Irlande surtout est si chère à ses fils !

On dit qu'après l'avoir évangélisée pendant trente-trois ans, saint Patrice gravit la montagne des Aigles, le sommet le plus élevé de l'île. Debout sur cette hauteur, il contempla en silence sa belle conquête évangélique, il pria pour elle, et son ange protecteur lui fit connaître que Dieu l'exauçait. Alors, le Saint éleva la voix et chanta : « Bénie soit Erin en tous lieux ; bénis

(1) Dom Lobineau.

soient l'Ulster et le Connaught ; béni soit le Leinster en tout temps, et le Munster éternellement » (1) !

Celui qui avait été formé par Patrice et s'était inspiré de son esprit pouvait-il, en quittant son troupeau fidèle, ne pas le bénir de même, sinon avec de brûlantes paroles, au moins avec tout l'amour de son cœur !

Mais il est un ami qui encourage et qui fortifie, lorsque la nature est sur le point de faiblir. Saint Ronan, au moment de dire un dernier adieu à cette Irlande où partout, désormais, brillait la vraie lumière, dut se rappeler une parole familière à son maître Patrice :

Le Christ soit à notre foyer !
Le Christ soit sur notre chariot !
Le Christ soit sur notre navire !

Si loin qu'il reportât ses souvenirs, jusqu'aux premiers jours de sa tendre enfance, il avait senti la présence du Christ à son foyer, d'abord dans la demeure paternelle, puis plus tard, dans la maison où lui-même présidait comme évêque.

Dans ses courses apostoliques, monté sur le chariot d'où il parlait comme d'une chaire (car c'était la coutume de Patrice et des prédicateurs formés à son école), il s'était senti encore soutenu et inspiré par la grâce du Sauveur.

Maintenant, sur le navire qui, de son Irlande, l'emportait vers les rivages lointains de l'Armorique, il pouvait dire, comme son compatriote (et peut-être son ami) saint Kolomkill, partant pour l'exil : « Je suis seul ; ô Roi du ciel, protège mon chemin, et je n'aurai pas plus lieu de craindre que si j'avais une garde de six mille soldats. »

Or, le Christ, Roi du ciel, protégea son voyage. Plus d'une fois dans le trajet il dut s'écrier comme les pêcheurs de nos côtes : « Mon Dieu, secourez-moi, car ma barque est petite, et la mer est si grande ! » En

(1) M. de la Villemarqué : **Légende celtique**, saint Patrice.

effet, l'embarcation à bord de laquelle il était monté, n'était rien moins qu'un grand et solide vaisseau, et la tempête n'était pas le seul péril à redouter sur les flots, mais la rencontre des pirates était plus à craindre encore que le danger d'un naufrage. Néanmoins, saint Ronan pu heureusement aborder sur la plage du pays de Léon. Il pénétra assez avant dans les terres, et « s'arrêta dans un lieu fort retiré ; là il se bâtit une petite hutte, où il vécut assez longtemps, sans autre consolation, du côté de la terre, que celle qu'il ressentait de n'en avoir plus que du côté du Ciel, et de pouvoir sans obstacle vacquer à la contemplation » (1). Il possédait donc ce qu'il avait cherché dans son humilité héroïque ; mais il ne le posséda pas longtemps. Il avait voulu vivre inconnu, dégagé des affections terrestres les plus légitimes, les plus saintes même, et bientôt cependant Dieu montra que ce qu'il demandait à son serviteur n'était pas cette vie dissimulée à tous les regards humains. Nous suivons le récit d'Albert-le-Grand: « Saint Ronan pensoit estre en ce lieu si bien caché, que personne ne le connaistroit que Dieu, seul témoin de sa sainteté ; mais il en arriva tout autrement, car quelques pauvres malades estans, de cas fortuit, plustot par speciale Providence de Dieu, venus à son Hermitage chercher l'aumosne, le Saint, pauvre volontaire pour Jésus-Christ, ne leur donna ny or ny argent, mais bien ce qu'il pouvoit donner, à sçavoir la santé, qui leur fut beaucoup plus chere que tout l'or du monde. Ces pauvres gens le remercierent, et, allans, sains et dispos, mandier l'aumosne par les villages circonvoisins, publierent partout que saint Ronan les avait gueris par sa priere : cela fut cause que, de tout le Leonnois, on accourait devers luy, les uns pour luy présenter des paralytiques, sourds, muets, aveugles et autres malades, mais particulièrement des possedez, les autres pour consulter avec luy des affaires de leur conscience, mais ces visites troublans le repos de sa

(1) Dom Lobineau.

solitude, il se résolut de quitter ce lieu et de chercher séjour ailleurs. »

La vénération qui s'était attachée à sa personne et qu'il fuyait ainsi dans l'exil, comme il l'avait fuie sur la terre natale, s'attacha à son ermitage même, après qu'il l'eut quitté. Une église importante s'élève aujourd'hui sur la première demeure de saint Ronan, en Armorique ; autour de cette église s'est formée une petite ville qui s'appelle en français Saint-Renan, et en breton Loc-Ronan-ar-Fancq (**Saint-Ronan-du-Marais**). Il ne faudrait point croire, d'après cette dénomination, que ce lieu manque de charme. Celui qui, le premier, l'habita, voyant dans la région de son ermitage une nouvelle terre promise, l'avait lui-même appelée Chanaan. Le moulin de **Chanan** est resté comme un souvenir de ce nom d'autrefois. C'est près de ce moulin, que M. de Fréminville visita ce qu'on appelle le lit de saint Ronan. Il dit avec son scepticisme ordinaire : « Nous arrivâmes au bord d'une petite rivière, on nous montra la **prétendue** empreinte de saint Ronan; c'est une excavation effectivement de grandeur d'homme, et ayant absolument la forme du creux d'un sarcophage, avec l'emplacement de la tête bien marqué » (1).

Lorsque l'évêque, devenu solitaire, eut quitté la pauvre cabane qu'il avait construite sur la terre hospitalière du Léon, il ne tarda pas à voir que Dieu lui-même approuvait cette nouvelle émigration : il passa la rade de Brest, mais, arrivé sur la terre de Cornouailles, il ne savait de quel côté diriger ses pas dans une contrée qui lui était inconnue ; alors un ange se présenta à lui et se fit son guide.

Il le conduisit dans l'immense forêt de Névet, sur le penchant d'une montagne, en face de la baie de Douarnenez.

Si dans sa première solitude le Saint avait vu comme une image du pays promis aux Hébreux, que dut-il voir

(1) Fréminville : **Antiquités de la Bretagne.**

dans le lieu que l'envoyé du Ciel lui assigna pour résidence !

Sous les grands arbres de la forêt qui couvrait alors la montagne, devant les gracieuses ondulations de terrain qui, par une pente presque insensible descendant jusqu'à la mer, devant les flots paisibles de la baie qui s'étend comme un lac immense entouré de collines aux contours bleuâtres, il dut se croire encore sur le sol aimé d'Erin ; toute cette beauté dut égaler à ses yeux l'éclat de l'**Emeraude des mers.** Exilé volontaire, il retrouvait sa patrie !

Toutefois, si ces splendeurs exaltèrent son âme et l'élevèrent jusqu'à la contemplation de la beauté du ciel et de la beauté de Dieu, elles ne purent le rendre insensible à l'extrême fatigue du voyage et aux étreintes de la faim. Se voyant sans abri et sans aliment, il se mit à errer dans les bois et il trouva une chaumière habitée par un bon paysan, auquel il demanda l'hospitalité. « Cet homme le reçut charitablement, et fut si touché des exhortations et des instructions de saint Ronan, qu'il ne pouvait plus le quitter. Il supplia donc le Saint, de qui il avait appris le projet qu'il avait de bâtir un ermitage dans la forêt voisine, de ne s'écarter pas trop de sa demeure » (1). Saint Ronan agréa non seulement cette demande, mais aussi les offres de service de son nouvel ami, car ce fut avec son assistance qu'il se mit à bâtir une petite cellule, dont la construction fut achevée en peu de jours.

Le pieux laboureur ne savait encore rien de la vie passée de l'étranger ; dès qu'il crut pouvoir le faire, il l'interrogea, et reçut cette réponse : « Je suis Hybernois (2) de nation ; j'ay volontairement quitté mon » pays, mes parents, mes biens et possessions pour » l'amour de Jésus-Christ, et me suis banny de mon

(1) Dom Lobineau.

(2) C'est-à-dire **Irlandais**. Les Romains appelaient l'Irlande **Hibernie**, mot qui signifierait **pays de l'hiver.** Les indigènes l'appelaient **Erin** ou **Eir-Inn.**

» pays, espérant pouvoir mieux luy servir, estant dé- » taché de toutes ces choses. »

Ayant reçu cette confidence, le paysan éprouva pour l'ermite une vénération plus grande encore. Il lui demanda donc la permission de venir recevoir ses enseignements et ses conseils, mais en lui promettant de ne pas l'importuner et de garder le secret sur tout ce qu'il savait de lui. Saint Ronan ne put que se rendre à ce pieux désir. Nous verrons bientôt à quelles pénibles épreuves donnèrent lieu pour l'un et l'autre ces pieux entretiens, mais dans ces premiers moments de son séjour en Cornouailles, saint Ronan dut croire qu'il avait enfin trouvé l'oubli vainement cherché en Irlande et en Léon ; rien ne le troublant plus, il pouvait « vivre à sa manière, ou plutôt à la manière des anges, dans une adoration continuelle de Dieu » (1). Il n'avait même guère à s'occuper de ce qui était nécessaire à la vie corporelle, car son charitable ami lui avait promis son assistance et se montrait attentif à lui fournir ce dont il avait besoin.

Cette période de calme profond ne fut pas de longue durée ; ce fut encore l'admiration de la multitude qui vint troubler la solitude de saint Ronan ; la réputation de l'ermite de la forêt **Némée**, comme on l'appelait alors, de **Névet** ou **Névent**, comme on l'appela plus tard, se répandit dans les campagnes et arriva promptement jusqu'à Quimper.

Les peuples avaient soif d'une parole à laquelle ils trouvaient toute la douceur du miel, nous dit le **Manuscrit** du vieux légendaire. Son éloquence n'était pas, d'ailleurs, la seule cause de l'admiration universelle : à la porte de la pauvre cellule, on voyait les malades de toutes sortes arriver en grand nombre et ils s'en retournaient guéris.

Ce n'était pas uniquement en rendant la santé aux infirmes que saint Ronan montrait la bonté de son âme et son pouvoir auprès de Dieu.

---

(1) Dom Lobineau.

Comme devait le faire plus tard saint François d'Assise, il étendait sa compassion sur toutes les créatures souffrantes et il les soulageait ; il commandait aux animaux féroces et il s'en faisait obéir. Par la sainteté de sa vie, il avait reconquis sur la nature révoltée l'empire que l'homme innocent exerçait sur les êtres vivants au paradis terrestre.

« Un jour, lisant un livre à la porte de sa cellule, il apperceut un loup qui entroit dans la forest, portant une brebis en sa gueule. Saint Ronan l'appela et luy commanda de rendre la brebis, ce qu'il fit à l'instant, la mettant à ses pieds ; et le Saint la rendit à son maistre. (Ce maître était le pieux paysan son ami.) Mesme miracle fit-il plusieurs fois » (1). On comprend l'ascendant que le saint solitaire devait exercer sur l'âme pure et simple de son disciple : la douceur de sa parole et les exemples de sa vie n'étaient plus seuls à agir sur celui-ci : « Ravy des œuvres merveilleuses que faisait saint Ronan, il ne se pouvait séparer de luy ; mais, colé à ses pieds, estoit attentif aux prédications qu'il faisait au peuple qui le venoit visiter. » On le voit, le désir de la solitude et de la vie cachée n'avait pu éteindre chez l'évêque Irlandais, l'ardent désir de faire connaître et aimer Jésus-Christ.

Nous voyons, maintenant, apparaître un personnage étrange, qui joue un grand rôle dans l'histoire de saint Ronan.

On s'imagine quelquefois, bien à tort selon nous, que le christianisme a exercé dans les premiers siècles une influence irrésistible et fatale sur tous ceux qui l'embrassaient. Pendant les persécutions, comme il fallait un courage héroïque pour professer la foi proscrite, par cela même qu'on se faisait chrétien, on était décidé à ne pas l'être à demi ; mais dans les temps et dans les pays où l'on pouvait, sans crainte, embrasser

(1) Pour ce fait et pour ceux qui suivent, je cite textuellement Albert-le-Grand, mais sans placer les récits dans le même ordre où il les a exposés ; cet ordre est certainement fautif.

la croyance chrétienne, on devait quelquefois le faire, sans avoir pour cela des vues toutes surnaturelles et des vertus de choix. On acceptait l'eau du baptême, et l'on gardait quelque chose des habitudes païennes du monde grec et romain ou du monde barbare. Plus d'une fois, sans doute, la vieille Armorique a vu, dans les adeptes de la foi nouvelle, des hommes et des femmes qui, tout en renonçant à l'idolâtrie, restaient fidèles aux superstitions des druides. Si même, aujourd'hui, les catholiques qui vivent au milieu des hérétiques ont à veiller sans cesse pour rester fermes dans l'amour de la Vérité, il faut bien croire que dans un pays où se gardent si obstinément les traditions du passé, les chrétiens, pour ne pas se laisser imprégner de paganisme, devaient aussi user d'une continuelle vigilance.

Keban, l'ennemie de saint Ronan, se montre, ici, comme une druidesse mal convertie, à demi-sauvage et animée d'une véritable haine pour ce christianisme, dont le triomphe définitif lui impose la profession apparente. N'est-elle point, d'ailleurs, par droit d'héritage, la reine de la Forêt sacrée (1) ?

Le mari de cette femme n'était autre que le charitable paysan qui avait accueilli le Saint, et qui prenait de plus en plus plaisir à l'entendre parler de Dieu. Pourquoi faut-il que la tradition qui nous a gardé le nom de l'ennemie acharnée ne nous dise point comment s'appelait l'ami fidèle et résolu ?

Keban reprochait à celui-ci les heures consacrées aux saints entretiens et perdues pour le travail ; bientôt même, dominée par la fureur, elle se rendit jusqu'à l'ermitage, et là elle accabla d'injures saint Ronan :

« Vous avez ensorcelé les gens de ma maison, mon mari aussi bien que mes enfants ; ils ne font tous que vous rendre visite, et mon ménage en souffre. Si vous ne faites pas plus attention à mes paroles, vous aurez beau japer, je vous châtierai » (2).

(1) M. de la Villemarqué insinue que la légende latine la représente ainsi.

(2) Chant populaire, traduction de M. de la Villemarqué.

D'après cette explosion de haine, il est facile de comprendre qu'elle ne se contentait pas d'accuser l'homme de Dieu en face, mais que par tous les moyens elle travaillerait désormais à le perdre de réputation. Qu'on ne s'étonne pas du caractère étrange qu'elle donna à ses calomnies. Dans le monde ancien, la magie jouait un grand rôle : les Pharisiens, en voyant Notre-Seigneur délivrer les possédés, disaient : « C'est par Béelzébud, prince des démons, qu'il chasse les démons. « Des Apôtres, on disait la même chose. Quand les lions et les tigres, au lieu de dévorer les chrétiens dans l'arène, venaient se coucher à leurs pieds ; quand la flamme les respectait, comme elle avait respecté les trois enfants dans la fournaise, le même cri s'échappait de tous les degrés de l'amphithéâtre : « C'est un magicien ! » A ceux qui fermaient les yeux pour ne point voir les miracles, cette accusation suffisait. Or, saint Ronan, lui aussi, faisait des prodiges ; c'était incontestable. Keban (1) et les autres ne songeaient pas plus à les nier que les Juifs n'avaient essayé de nier la guérison de l'aveugle-né, la résurrection de Lazare, etc.; saint Ronan était donc un magicien.

Même à une imputation aussi odieuse, l'ermite ne répondit que par le silence, et cependant tous ces bruits commençaient à trouver créance, mais seulement, il faut le dire, auprès des méchants et des sots. La juste incrédulité des gens honnêtes et sensés, mais surtout la patience de sa victime n'étaient pas faites pour calmer une haine comme celle de Keban ; celle-ci jura la perte de son ennemi, et pour arriver sûrement à son but, inventa un odieux stratagème.

Parmi ses enfants, était une pauvre petite fille de quatre à cinq ans qu'elle enferma secrètement dans un coffre (2) ; puis, elle accusa Ronan de l'avoir fait dis-

(1) Ce nom se trouve écrit de deux manières : **Kéban et Qué** ; on le prononce **Kébenn**.

(2) Elle avait plusieurs garçons, mais une seule fille, celle dont il est ici question.

paraître : Ronan pouvait prendre la forme de tous les animaux ; de ses propres yeux, elle l'avait vu se transformer en loup ; c'était Ronan qui, sous cette forme, avait dévoré les bestiaux qu'on avait récemment perdus ; donc Ronan, qui la haïssait plus que personne, avait non seulement soustrait mais dévoré sa fille.

Qui pourrait dire que chez nous, même aujourd'hui, des bruits semblables ne trouveraient nul crédit ? La sotte et méchante crédulité a été et sera de tous les pays et de toutes les époques. Keban réussit à émouvoir plusieurs autres femmes, dont elle se fit accompagner jusqu'à l'ermitage du Saint. Là, elle se mit à réclamer son enfant ; les hurlements qu'elle poussait étaient effroyables ; cette feinte douleur trompa de plus en plus les personnes qui l'avaient accompagnée ; elle n'eut aucune peine à les mener à sa suite jusqu'à Quimper. Avec cet étrange cortège, elle alla se présenter au roi Grallon. « Elle eut l'imprudence de lui demander justice de Ronan, qui avait dévoré son enfant et rendu son mari sorcier comme lui. Elle répandoit tant de larmes et ses transports étoient si violents, qu'il étoit difficile de ne pas être séduit par ses paroles et de ne pas croire que c'étoit la nature même qui parloit » (1).

La conduite que nous allons voir tenir au roi Grallon paraîtra, sans doute, bien étrange ; l'ami de l'évêque de Quimper et de l'abbé de Land-Tévennec ne devait pas être homme à se laisser facilement circonvenir par une femme astucieuse, dont les accusations, au moins étranges, pesaient sur un homme revêtu d'un caractère sacré, entouré de l'estime publique et à qui le roi lui-même avait autrefois fait visite et demandé conseil.

Pour expliquer les rigueurs du prince en cette circonstance, l'abbé Tresvaux dit qu'il s'agit ici non de Grallon-Maur, notre roi si populaire, mais de Grallon-Flaïn, neuvième comte de Cornouailles. Dom Lobineau

(1) Dom Lobineau.

suppose qu'il s'agit bien de Grallon-Maur, mais que l'épisode qui nous occupe se passe avant que saint Corentin et surtout saint Guennolé n'eûssent exercé sur l'âme de ce roi leur heureuse influence ; or, il est certain qu'avant ses relations avec les deux Saints, « son zèle pour la justice avoit plus de dureté d'humeur que de charité et venoit autant d'un esprit impérieux et rigide que d'un fond de droiture », tandis qu'après avoir noué les rapports dont nous parlons, « il changea la férocité de son naturel en une douceur évangélique » (1).

Quoi qu'il en soit, Keban put donner un libre cours à ses invectives ; « Grallon y fut trompé, aussi bien que la plupart des seigneurs ; et, ayant horreur d'un crime si énorme, il envoya sur-le-champ chercher saint Ronan, qui vint aussitôt. Grallon, se laissant aller à l'impétuosité de sa passion, et ne consultant que la dureté de son zèle, ne voulut point se donner la peine d'approfondir l'accusation. »

Le saint fut jeté dans un cachot profond. Quand on l'en retira, ce fut pour subir une de ces épreuves barbares, dont la coutume se perpétua jusque dans le Moyen-Age et contre lesquelles l'Eglise eut tant à lutter.

« J'ai, dit le roi, deux dogues furieux qui me feront » connoître si cet homme est innocent ; qu'on les lâche » contre lui, et que la sainteté de sa vie le sauve, s'il » n'est point coupable. » Les chiens fondirent sur saint Ronan pour le dévorer. Le Saint, levant la main et faisant le signe de la croix, dit : « **Que le Seigneur vous réprime !** » Aussitôt, l'un et l'autre, adoucis vinrent flatter et caresser Ronan ; ce qui fit rentrer Grallon en lui-même. Il reconnut la faute que sa précipitation lui

(1) Il y aurait également lieu de se demander, ici, si saint Ronan a pu naître de parents convertis par saint Patrice, recevoir le baptême et les saints ordres de l'apôtre de l'Irlande, s'il est vrai qu'il entra en rapport avec Grallon avant que ce prince n'eût connu saint Corentin et saint Guenolé. Nous ne croyons pas devoir introduire dans cette étude l'examen de difficultés chronologiques.

avait fait commettre, et donna tout loisir à Ronan de se justifier » (1).

Celui qui avait fui loin de sa terre natale pour échapper à l'affection et à la vénération de tout un peuple ; celui qui, en Armorique, n'avait cherché que l'oubli, n'aurait peut-être pas reculé devant les conséquences de la calomnie, si sa réputation seule avait été exposée, mais il était l'homme de l'Eglise ; son déshonneur deviendrait celui de tout l'ordre sacerdotal. Si le grand Apôtre fit respecter en sa personne la dignité de citoyen romain. Ronan avait plus de raison encore pour faire respecter en lui le Pontife de Jésus-Christ ; il se défendit donc « parce qu'il y alloit de la gloire de Dieu, et découvrit publiquement la méchanceté de Keban. Il dit où elle avoit caché sa fille, et avertit en même temps qu'elle y étoit morte, pour n'y avoir pas eu la respiration libre. La chose fut avérée par les officiers que le prince envoïa sur les lieux, et Keban ne pouvoit éviter d'être lapidée ou brûlée sur-le-champ, tant l'indignation publique fut grande contr'elle, si la charité de Ronan ne l'eût délivrée du péril » (2).

Grallon dit à l'homme de Dieu : « Que voulez-vous » que je vous donne, puisque Dieu est avec vous ? — » Je ne vous demande rien que la grâce de la femme » Keban » (3). Mais ce n'était pas assez pour la charité de saint Ronan ; après qu'on eut ouvert le coffre et qu'on y eut trouvé la petite fille couchée sur le côté, morte victime de l'infernal stratagème de sa mère, le bon ermite se mit à prier, puis, prenant l'enfant par la main, au nom de Jésus-Christ, il lui commanda de se lever, et l'enfant se leva. Grallon et ses gens tombèrent aux genoux du Saint pour lui demander pardon. « Et saint Ronan revint à la forêt, et il y resta, faisant pénitence ; une pierre dure pour oreiller ; pour vêtements, la peau d'une génisse tachetée ; une branche tordue

(1) Dom Lobineau.
(2) Dom Lobineau.
(3) Chant populaire.

pour ceinture ; pour boisson, l'eau noire de la mare ; pour nourriture, du pain cuit sous la cendre » (1).

Le récit des faits dans la vie des Saints, l'énumération des pénitences souvent effrayantes qu'ont voulu subir les élus de Dieu, ne laissent pas que d'être un stimulant pour les âmes qui aspirent à la perfection ; mais ce qui est plus utile encore que l'exposé de circonstances ordinairement intéressantes et quelquefois merveilleuses, c'est la recherche de l'esprit qui animait les Saints, l'intelligence de la maxime particulière sur laquelle ils ont comme modelé leur existence terrestre. Pour les Saints modernes, dont l'histoire nous est mieux connue, cette étude est facile ; personne n'ignore que saint Ignace personnifie le zèle pour la gloire de Dieu, saint François-Xavier la soif du salut des âmes. On sait également que toute la vie de sainte Thérèse est résumée dans ce cri de son cœur : « Ou souffrir ou mourir, » et la vie de saint Jean de-la-Croix dans la réponse qu'il fit au Sauveur, lui demandant ce qu'il voulait par dessus tout : « Souffrir et être méprisé pour vous. »

On peut affirmer qu'à une semblable demande, saint Ronan aurait fait la même réponse que le jeune réformateur du Carmel. Toute sa vie peut se résumer en peu de mots : poursuivi en tous lieux par l'affection et par l'estime, il a fui pour chercher la souffrance et l'oubli. Il est vrai qu'enfin il a trouvé l'objet de ses constantes recherches, mais ce n'est que pour un instant !

Son ennemie n'avait réussi qu'à faire éclater la charité, l'humilité du Saint, à faire connaître de ceux qui auraient pu l'ignorer encore, la puissance miraculeuse que Dieu donnait à la prière de son serviteur. Il y eut à la cour de Grallon comme une explosion de pieuse admiration, si bien que le solitaire eut peine à se soustraire aux hommages d'une vénération quelque peu

(1) **Ibid.**

indiscrète ; toutefois ce fut à son ermitage qu'il se rendit sans hésiter.

Probablement, dans la simplicité de son cœur, il ne soupçonna même pas que la renommée de ses vertus allait plus que jamais troubler sa solitude, et cependant il fut dès lors « si souvent visité par les Kemperrois et autres habitants de Cornouailles, que, dans peu de temps, le grand chemin fut ouvert de Kemper-Corentin à son Hermitage. Le Roy même, prince fort religieux, alloit souvent en propre personne le visiter en son Oratoire, et, ayant receu sa bénédiction, s'en retournoit fort édifié » (1).

C'en était trop : comme il avait quitté son siège épiscopal d'Irlande et son ermitage du pays de Léon, il laissa la cabane de la forêt de Névet pour échapper à l'estime du roi, des nobles et du peuple, et il s'en fut habiter un lieu solitaire de la Domnonée armoricaine, Hillion, site charmant d'ailleurs, situé à quelques lieues seulement de l'endroit où s'élève aujourd'hui la ville de Saint-Brieuc.

Quelle fut sa vie dans ce troisième ermitage ? Y trouva-t-il enfin cet oubli tant cherché, cette paix si désirée ? C'est le secret de Dieu et des anges qui veillaient sur ce désert.

Jusqu'ici on n'avait fait que soupçonner cette dernière retraite ; c'est la **Vie manuscrite** retrouvée par Dom Plaine qui a fixé d'une façon précise le séjour de saint Ronan pendant ses dernières années, et le théâtre de sa mort précieuse devant Dieu.

C'est donc bien à Hilion qu'il est mort ; mais ici, la **Vie manuscrite** nous fournit encore un important détail : « Le corps de saint Ronan ne fut pas enseveli en ce lieu. La volonté divine s'étant manifestée à cet égard par les signes les moins équivoques, ce corps sacré fut rapporté en Cornouailles et déposé avec honneur à un mille seulement de l'oratoire de la forêt de Névet, que le Saint avait construit de ses mains et qu'il avait

(1) Albert-le-Grand.

habité pendant de si longues années » (1). Nous verrons plus loin que Dom Lobineau et M. de la Villemarqué pensent que le corps de saint Ronan ne fut rendu à la Cornouailles que dans le IXe siècle, et nous dirons sur quel fait est appuyée cette opinion. Si la **Narration monacale** dont parle l'auteur du **Barzaz-Breiz** n'est pas le même opuscule que la **Vie manuscrite,** les deux documents les plus anciens que nous possédons sur saint Ronan seraient d'accord entre eux, et surtout seraient d'accord avec le chant populaire, expression fidèle des traditions conservées aux foyers bretons :

« Lorsque la dernière heure du Saint fut venue, et qu'il eut quitté ce monde, deux buffles blanc sauvages furent attelés à une charrette, et trois évêques menèrent le deuil.

» Arrivés sur le bord d'un lavoir, ils trouvèrent Keban, décoiffée, qui faisait la buée, le vendredi, sans égard pour le sang de Jésus, notre Sauveur.

» Et elle de lever son battoir, et d'en frapper un des buffles à la corne, si bien que le buffle bondit épouvanté, et eut la corne arrachée du coup.

» Retourne... (2), retourne à ton trou ! Va pourrir avec les chiens morts, on ne te verra plus à cette heure te moquer de nous !

» Elle avait encore la bouche ouverte, que la terre l'engloutit parmi des flammes et de la fumée, au lieu qu'on nomme **la tombe de Keban.**

» C'est là qu'on enterra le Saint, — c'était, sans doute, sa volonté, — là, dans le bois vert, au sommet de la montagne, face à face avec la grande mer ».

Ainsi donc, une dernière fois, Keban donne un libre cours à cette haine que rien n'a pu détruire.

Si la résurrection de son enfant n'avait pu éclairer une femme dont l'aveuglement était volontaire, comment la mort de son ennemi (si l'on peut appeler ainsi

(1) Résumé par Dom Plaine de la **Vie manuscrite,** n° 87-95.

(2) Je n'ose transcrire ici le mot par lequel le traducteur du **chant populaire** a rendu **map-gaign** ; les **Keban** modernes pourraient en faire usage ; je le leur abandonne volontiers.

un homme au cœur si charitable et si bon) aurait-elle pu l'amener à des sentiments plus humains ?

Aussi Keban est-elle restée pour le peuple de la Bretagne bretonnante le type de la méchanceté et de l'effronterie féminines dans tout ce qu'elles ont de plus odieux et de plus révoltant.

Si la mésintelligence éclate entre deux femmes, la plus grave injure qu'elles puissent s'adresser c'est le nom de la paysanne sauvage de la forêt de Névet ; dès que ce nom de Keban est prononcé, l'imagination évoque cette créature étrange, décoiffée comme les druidesses lorsqu'elles faisaient leurs incantations, et brandissant, non plus la faucille d'or, mais le battoir qui arracha la corne du buffle. Si la querelle ne cesse pas à ce nom, c'est qu'il n'est plus de reproche capable de l'arrêter.

C'est donc un nom maudit, comme maudit est aussi le lieu où Keban fut engloutie vivante, triste carrefour où s'élève une croix de pierre qu'on a jugée plus nécessaire encore là que dans tout autre endroit du même genre ; mais devant cette croix, ni on se découvre, ni on ne s'incline, usage bizarre indiquant l'horreur qu'inspire, après tant de siècles, le souvenir de l'ennemie de saint Ronan.

Pourquoi faut-il qu'en la nommant, on ait pris l'habitude de dire « Keban de Locronan » ? Le lieu où elle vécut n'est point sur cette paroisse, et la bonne population de cette petite ville n'est nullement jalouse de l'honneur d'avoir eu pareille compatriote.

Si l'on prend à la lettre le récit du **Chant populaire**, il est difficile de le faire accorder avec les traditions les mieux accréditées dans le pays : il ne faut donc pas croire que l'épisode de la corne brisée et de la mort de Keban ne dura qu'un instant.

Keban « faisait sa buée » au lavoir du village de **Guernevez**, qui existe toujours dans la paroisse de Quéménéven. Elle laissa là son linge pour se précipiter vers l'attelage et frapper le buffle à la corne.

Cette corne ne se détacha complètement et ne tomba qu'au sommet de la montagne (un quart de lieue plus loin) à l'endroit appelé **Plaç-ar-C'horn**, entre les paroisses de Locronan et de Plogonnec.

Enfin, le lieu où Keban fut engloutie était assez éloigné de **Plaç-ar-C'horn**, il est à supposer que cette aimable créature, non satisfaite de la première explosion de sa haine, suivit longtemps le convoi en poursuivant de ses invectives le Saint, qui revenait, en triomphateur, sur le théâtre de sa pénitence et de ses humiliations ; cela dura jusqu'à ce que ces blasphèmes, lassant la patience divine, la misérable disparut.

Une circonstance est encore à remarquer dans cette histoire : Keban est hautement blâmée de ce qu'elle fait « la buée le vendredi, sans égard pour le sang de Jésus, notre Sauveur ». Il était donc d'usage, à cette époque, d'éviter certains travaux, le vendredi ; et peut-être de là serait venue la superstition qui, succédant à un sentiment pieux, empêche d'entreprendre rien d'important le vendredi et désigne ce jour comme un jour de malheur.

La **Narration monacale**, traduite par M. de la Villemarqué, supplée, ici, à ce qui manque dans les autres récits, et nous fait connaître les signes qui indiquèrent la volonté de Dieu (d'après la **Vie manuscrite**) et la volonté du Saint lui-même (d'après le chant populaire), relativement à l'endroit de la sépulture définitive du pieux solitaire :

« Les trois comtes de Rennes, de Vannes et de Cornouailles, aux territoires de qui confinait la forêt dans laquelle était mort saint Ronan, prétendirent posséder son corps. Pour terminer le différend, ils consultèrent un vieillard vénérable, qui leur donna ce conseil : «Faites chercher dans la forêt deux buffles sauvages, attelez-les à un char, placez-y le corps du Saint et laissez-les aller : le lieu où ils s'arrêteront sera celui qu'il a choisi pour sa sépulture. » Les deux buffles trouvés et mis de force sous le joug, le comte de Rennes, sur l'avis du vieillard, s'approcha pour enlever le corps de terre, mais malgré l'aide de ses guerriers il n'en put venir à bout. Après lui le comte de Vannes tenta l'aventure avec aussi peu de succès. Restait le comte de Cornouailles, et il hésitait à renouveler l'expérience, car ayant été blessé au bras droit dans une bataille, il était demeuré perclus.

» Cependant, il finit par céder aux instances qu'on lui fit de toutes parts, et, pour lui prouver sa faveur, non seulement le Saint se laissa enlever facilement de terre et placer sur le char, mais il rendit au bras du comte la vigueur qu'il avait perdue.

» Aussitôt les buffles sauvages se mirent en marche avec l'ensemble et la douceur de deux bonnes bêtes de labour, et après avoir parcouru une grande étendue de pays, ils arrivèrent en Cornouailles, dans une vallée, à un mille de l'oratoire de Ronan, et s'y arrêtèrent avec leur précieux fardeau. Voyant cela, le comte, transporté de joie, fit don au bienheureux, à perpétuité, de toute la terre comprise entre la vallée et l'oratoire, plus d'autant à un mille à la ronde ; et la donation faite, les deux buffles reprirent leur marche jusqu'à la porte de l'oratoire, devant lequel ils s'arrêtèrent pour se reposer enfin. »

Ces dernières lignes peuvent faire la lumière sur une particularité du récit de Dom Plaine disant que « saint Ronan aurait été enseveli à un mille seulement de son oratoire » ; or, voici que les buffles se sont arrêtés « à un mille seulement de l'oratoire », et quand le comte de Cornouailles a exprimé sa joie et manifesté sa générosité, les bonnes bêtes reprennent leur marche et viennent jusqu'à l'oratoire lui-même.

Il y a donc eu confusion dans le manuscrit que suit Dom Plaine, entre l'endroit du premier arrêt et celui de l'arrêt définitif ; ici, d'ailleurs, le doute est impossible si l'on admet l'autorité d'une tradition invariable : l'endroit où est encore, où a toujours été le tombeau de saint Ronan ne s'est jamais appelé que le Penity de saint Ronan, c'est-à-dire son oratoire, ou le lieu de sa prière et de sa pénitence.

Il est à regretter que dans son opuscule : **Le tombeau monumental et le pèlerinage de saint Ronan,** Dom Plaine n'ait pas fait de plus larges citations de la **Vie manuscrite** sur laquelle est basé son travail. Comme cette **Vie** comble des lacunes qui existent dans les récits d'Albert-le-Grand et de Dom Lobineau, on aurait voulu avoir le texte original ou bien une traduction complète, d'abord, pour les passages qui suppléent au silence de ces deux auteurs, puis, pour ceux qui pourraient donner lieu à des rectifications ou même à des contestations (1).

Nous venons de le voir, le manuscrit établit qu'aussitôt après la mort de saint Ronan son corps fut transporté en Cornouailles. L'auteur ajoute qu'il y demeura trois cents ans, entouré de l'éclat des miracles et de toutes les marques de la vénération publique, et cela, jusqu'aux invasions normandes, c'est-à-dire jusqu'en 878. Ces précieuses reliques furent alors transportées en France, de même que celles des principaux Saints de Bretagne ; mais quand vinrent à luire des jours plus heureux, le corps du saint ermite revint à la forêt de Névet ; ce fut, hélas ! une exception : la France retint avec un soin trop jaloux les dépôts qu'elle avait reçus.

Les restes de saint Ronan furent-ils transportés directement en Cornouailles, ou bien firent-ils une station plus ou moins longue sur un autre point de Bretagne, avant d'arriver au lieu de leur dépôt ? — C'est une question à laquelle il serait téméraire de donner une réponse précise. Dom Lobineau et M. de la Villemarqué pensent que saint Ronan, enseveli au lieu même de sa mort, y serait demeuré jusqu'aux invasions normandes ; ils prétendent que les anciens légendaires, en parlant de son transfert immédiat en Cor-

(1) Depuis l'époque où ce regret fut exprimé, Dom Plaine a publié le texte latin de l'**Ancienne Vie de saint Ronan.**

nouailles, ont fait confusion et ont pris pour le récit de ses funérailles celui de la translation de ses reliques au neuvième siècle, « puisqu'il est parlé d'un comte ou consul de Rennes, et qu'il n'y a pas de comtes bretons avant ce temps-là. »

On peut supposer l'emploi d'un terme impropre pour désigner un personnage ayant, au Ve ou VIe siècle, une autorité quelconque dans le pays qui, trois cents ans plus tard, s'est appelé le comte de Rennes. L'auteur de la **Vie manuscrite**, écrivant au onzième siècle, a très bien pu faire cet anachronisme.

Rien n'empêche d'admettre encore qu'en composant son récit à cette époque, le biographe n'ait confondu certaines particularités des funérailles avec celles d'une translation qui datait déjà de deux cents ans. On peut se demander, par exemple, dans laquelle de ces deux circonstances les comtes de Rennes, de Vannes et de Cornouailles sont intervenus : leur compétition s'explique aussi bien au IXe siècle qu'au VIe, saint Ronan ayant terminé son existence terrestre dans un pays qui touchait aux possessions de chacun d'eux, les motifs de revendication restent toujours les mêmes.

Une seule chose est essentielle pour établir la vérité de nos traditions, c'est qu'on admette comme un fait certain que saint Ronan fut ramené en Cornouailles aussitôt après sa mort, puisque son implacable ennemie insulta son cadavre.

Et, maintenant, nous avons dit ce qu'il est possible de savoir sur la vie du solitaire qui vint d'Irlande sanctifier le sol du Léon, de la Cornouailles et de la Domnonée. Avant de passer à l'histoire de son culte, il nous faut ajouter que, s'il fut vraiment sacré par saint Patrice, il avait dû recevoir le caractère épiscopal avant la fin du cinquième siècle. C'est tout ce que nous croyons utile de dire pour fixer le temps où il a vécu (1).

(1) Le nom de Ronan est illustre dans les fastes de l'Eglise d'Irlande : six autres saints, dans cette île, et deux en Ecosse, ont porté ce même nom.

III

La première église où saint Ronan reçut les hommages des fidèles, fut l'oratoire même qu'il avait construit de ses mains. Etait-ce une cabane de branchage, comme le suppose Dom Plaine, un édifice en bois, comme le disent les notes du **Barzaz-Breiz ?** Toujours est-il que la piété n'y voulut rien changer tant que la pauvre chapelle put tenir debout. Enfin, quand il fallut renoncer à conserver ce précieux souvenir du Saint, rien ne fut épargné pour donner à la nouvelle église une grandeur et une beauté dignes de celui qu'on voulait honorer. Or, les miracles de saint Ronan furent alors si nombreux et si éclatants, que la générosité des fidèles en fut vivement stimulée, si bien qu'au commencement du onzième siècle, le second oratoire, construit à la place du premier (mais dans de plus vastes proportions) autour même du tombeau, « portait déjà le nom d'église, jouissait du droit d'asile, et possédait une étendue de terre assez considérable » (1).

Telle était la situation lorsque la Providence plaça à la tête de la Cornouailles un prince qui, par sa valeur guerrière, ses éclatants succès dans les combats, sa piété, sa générosité envers les églises et les monastères, devait se montrer le fidèle imitateur de Grallon.

Le nouveau comte, fils et successeur de Budic, s'appelait Alain, et il reçut le surnom de **Cainart** (2), c'est-à-dire le **vainqueur,** ou mieux le batteur. Cependant son début dans la carrière des armes avait été une défaite. Après la mort de Geoffroy Ier, duc de Bretagne (1008), deux compétiteurs se disputèrent la couronne : Judicaël, comte de Nantes et frère du duc défunt, dont

(1) Dom Plaine. (L'auteur cite les **Preuves de Bret.,** t. I, col. 368).

(2) Ou **Caignart** (M. de Kerdanet) ou **Cagnart** (Pitre-Chevalier) ou **Canihart** (inscription de la chapelle de Notre-Dame de la Victoire, cathédrale de Quimper).

Alain Cainart avait épousé la sœur Judith, et Alain V, fils de Geoffroy Ier.

Alain Cainart fut vaincu par Alain V et forcé de se réfugier en France. Il y resta plusieurs années, probablement jusqu'à ce qu'il fut en état de reprendre les hostilités. Aussitôt entré en Cornouailles, il vainquit l'armée du duc auprès de Locronan, et les vieux actes appellent ce combat « la bataille de **Guer-Ronan** ou de **Gueth-Ronan** ». Ils disent aussi que le comte attribua sa victoire à la puissance de la croix du Seigneur et à l'intercession du saint pontife Ronan, dont il avait ardemment imploré le secours. Il manifesta sa reconnaissance en donnant à l'église de son saint protecteur de nouvelles possessions et de nouveaux privilèges (1).

Un peu après, la Cornouailles et le Léon étaient en lutte, et Alain était vainqueur du héros si populaire Morvan Lez-Breiz.

Ce nouveau succès donna lieu encore à de pieuses fondations : la chapelle de Notre-Dame de la Victoire, à Quimper, et l'abbaye de Sainte-Croix, à Quimperlé (2).

Alain unit à cette abbaye l'église de Locronan qu'il avait fait reconstruire.

Par cela même qu'une église d'importance moindre était unie à une église abbatiale, il n'en résultait pas toujours qu'elle fut desservie par des religieux de l'abbaye ; mais à Locronan, paraît-il, les moines de Sainte-Croix députèrent d'abord un des leurs, et comme le

---

(1) Dom Plaine suppose les donations d'Alain Cainart à saint Ronan postérieures à la fondation de Sainte-Croix de Quimperlé. M. Le Men est d'un avis contraire (**Monographie de la Cathédrale de Quimper**, page 60).

(2) J'ai dit dans la première édition de cet opuscule qu'une autre fondation avait précédé celles-ci, qu'Alain Cainart et la comtesse Judith avaient créé l'abbaye de Locmaria (de Quimper) pour leur fille, qui en aurait été la première abbesse, et que, dans l'origine, les religieuses de ce monastère furent de l'ordre de Fontevrault.

La vérité parfaitement établie grâce aux recherches de M. l'abbé Peyron, c'est qu'Alain et Judith firent une fondation **en faveur** de l'abbaye déjà existante, ce qui est évidemment bien différent.

service de l'église, aussi bien que les nécessités de la vie de communauté, réclamaient la présence de plusieurs prêtres, il est naturel de supposer que ces prêtres étaient comme le recteur (1) lui-même, des fils de saint Benoit.

Du moins, vers le milieu du XIIIe siècle, c'était certainement un bénédictin qui était recteur à Locronan, et probablement cette situation durait depuis le temps d'Alain Caignart, c'est-à-dire depuis deux siècles.

A l'époque dont nous parlons (1250), « Pierre de Dreux (ou **Mauclerc**), duc de Bretagne, mourait sur mer le 28 juin, s'en revenant d'Egypte, où il avait été fait prisonnier depuis la défaite de saint Louis » ; or, ce prince avait encore ajouté aux fondations d'Alain Cainart, car il avait donné le titre de prieur au religieux de l'ordre de Saint-Benoît chargé de desservir l'église ; à ce prieur il accordait la seigneurie sur tout le territoir de Locronan « et sur partie de deux paroisses voisines, avec le droit de coutumes et plusieurs autres prérogatives, à la charge de célébrer des messes solennelles les mardi et vendredi de chaque semaine, de faire des processions et chanter vespres tous les samedis et les veilles des fêtes solennelles » ; on accorda aussi de grands privilèges et exemptions aux habitants, « à condition pour eux d'assister aux services et prières qui se feraient dans l'église de Locronan, et de contribuer de leur part aux frais de la célébration des services, prières et processions ordonnés par la fondation, c'est-à-dire de stipendier les prêtres de chœur et accolites qui doivent accompagner celui qui officie » (2).

Jean Ier ajouta encore aux fondations de Pierre de Dreux, son père.

---

(1) J'emploie ce mot **recteur**, pour indiquer le prêtre supérieur de l'église, avant qu'il n'eût le droit de s'appeler **prieur.** Rien ne prouve que la principale église de Locronan fut alors **rectorale** ou paroissiale ; le contraire est probable.

(2) Premier registre des titres de Locronan, page 20.

Le 14 mars 1451, Pierre II, « par la grâce de Dieu, duc de Bretagne, comte de Monfort et de Richemont, » renouvela ces privilèges ; l'arrêt rendu à cet effet par la Chambre des comptes, pour reconnaître les lettres du duc, déclare que les messes, processions et services doivent se célébrer au lieu et bourg de Saint-Ronan, en l'église de Saint-Benoit, moustier du dit lieu. »

Le même acte spécifie en outre que : « les revenus du dit moustier sont des paroisses de Plonévez-Porzay, de Castr et de Crozon. » Vous allez croire que ce monastère devait regorger de richesses avec de pareils revenus. Or, sachez que le pauvre petit moustier avait « en Plonévez-Porzay trois feus et deux tiers de feus, en Castr (Cast) un feu et demy, en Crozon, un feu et demy » (1). C'est le même arrêt qui nous l'apprend, et il fait lui-même l'addition : six feus et deux tiers de feu.

Qu'est-ce que l'église de Saint-Benoît plus haut mentionnée ? Probablement l'église même de Saint-Ronan, auquel est ici donné le nom du père des moines qui la desservaient.

On ne sait rien sur l'époque où la petite communauté bénédictine renonça à ses six feux et deux tiers pour les céder à des prêtres séculiers. On voit seulement, dans une curieuse pièce de procédure, qu'en 1685, Messire Charles Fédeau, sieur de Saint-Rémy, étant prieur de Locronan, le clergé de l'église comprenait, outre ce dignitaire (dont le titre était purement honorifique et qui ne résidait pas), un vicaire perpétuel et trois prêtres de chœur. Pour relever la splendeur du culte, ils recevaient le concours d'un organiste et d'un sacriste. Les offices de fondation ducale pouvaient donc encore se faire avec une certaine solennité.

L'époque de la construction de l'église actuelle est à peu près celle du règne de Pierre II. Ce prince avait une piété fort mal entendue ; il ne l'a que trop prouvé

(1) Même registre, page 1.

par l'inepte jalousie et les cruels traitements qui donnèrent tant à souffrir à son angélique compagne, la bienheureuse Françoise d'Amboise ; mais enfin, il était pieux à sa manière, et il est à croire que sa dévotion pour saint Ronan se manifesta, non seulement par le maintien des fondations de ses prédécesseurs, mais aussi par des dons personnels.

Quoi qu'il en soit, cette église est de beaucoup la plus belle de toutes les anciennes églises de Cornouailles, si l'on en excepte la cathédrale de Quimper.

La construction d'une église aussi vaste dut être d'assez longue durée ; commencée, nous l'avons dit, vers 1450, elle ne dut être terminée que vers la fin du même siècle. On y trouve, en effet, dans la construction comme dans les vitraux, les armoiries de François II et de sa seconde femme, Marguerite de Foix. Ils ne se contentèrent pas, d'ailleurs, de contribuer aux frais de construction, mais la duchesse donna à la nouvelle église un grand calice dans le pied duquel était inséré un écusson à ses armes. Le calice subsiste, mais le blason est détruit.

La fille du duc François II et de Marguerite de Foix, **la bonne duchesse** Anne de Bretagne, « vint environ l'an 1505, suivant la dévotion de ses ancêtres envers le bon saint Ronan, visiter sa tombe, et y fit de grandes largesses et exemptions pour avoir eu de Dieu, par l'intercession du dit Saint, une fille qui fut nommée Renée (1), laquelle fut aussi duchesse de Bretagne et épousa le duc de Ferrare » (2). Ce que ne dit pas ce vieux document, c'est que la duchesse-reine donna au bourg de Locronan le titre de ville, avec tous les privilèges y attachés, en ratifiant tout ce que les ducs ses prédécesseurs avaient fait pour ce lieu, et qu'elle y fit bâtir à ses frais un certain nombre de maisons.

(1) C'est une altération du nom de saint Ronan ou Renan, qui est très souvent appelé **René** dans les vieux actes. Locronan y est ainsi appelé : **Saint-René du Blois.**

(2) Archives de l'église de Locronan. Lettre B, signée : de Lésormel, sénéchal. (Layette 2, liasse 7, n° 1).

Toutefois, la principale preuve de la piété d'Anne de Bretagne envers saint Ronan fut l'érection du nouveau tombeau. C'est à elle que l'attribue le dictionnaire d'Ogée, et nous croyons devoir nous ranger à son avis, bien que Dom Plaine en rapporte l'honneur à Renée de France ; du moins, cette pieuse princesse compléta l'œuvre de sa mère en relevant la chapelle du Pénity.

De son côté, le roi Louis XII avait approuvé, quelques années auparavant, toutes les donations et fondations des ducs de Bretagne en faveur de Locronan (novembre 1500). Le roi François II fit de même (décembre 1559), et il en fut ainsi presqu'à chaque avènement de souverain, jusqu'à Louis XV inclusivement. Aussi les fleurs de lis de France se montrent-elles aussi souvent que les hermines de Bretagne dans les tympans des hautes fenêtres à Locronan, et la statue de saint Louis, le patron de la famille royale, est placée vis-à-vis de celle de saint Ronan dans sa chapelle du Pénity.

Et, cependant, il est une famille qui, à elle seule, a contribué, autant que les comtes, que les ducs et les rois à l'érection, à l'embellissement et à la richesse de la vaste église : c'est celle des seigneurs de Névet, dont les armes (d'or au léopard de gueules) se voient dans plusieurs parties de l'église, et en particulier sur le support de la statue de saint Corentin, placée, au fond du chœur, en face de la grande et belle statue de saint Ronan. Cette race illustre était justement populaire en raison du zèle de ses membres pour la conservation des droits et immunités de la Bretagne. Jacques de Névet, ayant embrassé la religion prétendue réformée, vit tomber le prestige de sa noble maison.

La famille de Névet s'éteignit, en 1778, en la personne de dame Marie-Thérèse-Corentine de Névet, duchesse de Coigny.

Les princes et les nobles soit de Bretagne, soit de France, comprenaient autrefois le grand devoir de l'exemple à offrir, quand l'Eglise faisait appel à leur munificence pour la construction et l'embellissement de la maison de Dieu. L'exemple qu'ils donnaient, le peuple savait le suivre. La générosité des petits de ce monde est, sans doute, plus oubliée aujourd'hui ; les ouvriers et les laboureurs n'avaient pas d'armoiries à graver dans le granit, à émailler sur l'or et l'argent des vases sacrés (1), mais ils donnaient, et même beaucoup.

Au moment où elle allait perdre sa vieille nationalité, la Bretagne passait, il est vrai, par de douloureuses épreuves et même par des humiliations comme elle n'en avait jamais connues, mais son peuple jouissait du bien-être matériel, et il rendait à Dieu, pour ses temples, une large part de ce que Dieu lui donnait de richesses. Si toutes les pages de l'Histoire écrite venaient à disparaître, la splendeur de nos vieux monuments suffirait pour attester que nos pères n'étaient pas seulement généreux, mais qu'ils étaient opulents. Aujourd'hui, avec des instruments de travail merveilleusement perfectionnés, des villes importantes seraient dans l'impossibilité de bâtir des églises et d'élever des calvaires comme ceux que nous voyons dans nos bourgs et dans nos villages. Il est donc vraiment par trop niais de croire que d'hier seulement la richesse a pu devenir accessible à chacun, puisqu'il est certain que les merveilles de l'art ancien sont l'œuvre de tous.

En Armorique, comme dans tous les pays chrétiens, on construisit beaucoup pendant toute la durée du Moyen-Age ; cependant le XVe siècle fut chez nous, sous ce rapport, la période la plus féconde ; l'église de Locronan a d'innombrables sœurs à peu près de son âge.

Si les princes, les seigneurs et les humbles vassaux rivalisèrent dans leurs largesses, en manifestant leur

(1) Il ne faudrait pas prendre ceci trop à la lettre : beaucoup de familles bourgeoises avaient des armoiries et chaque corporation ouvrière avait son blason. On en trouve un exemple intéressant à Locronan même, dans le blason qui figure au pied d'une vieille statue de saint Eloi.

dévotion envers saint Ronan pour la construction de cette église si belle que bien des cathédrales gagneraient à lui être semblables, ce n'était point encore assez cependant. J'ai déjà dit que les fondations qui assuraient les ressources du prieuré conféraient aussi des privilèges aux habitants de Locronan. C'est qu'en effet autour de l'église une ville s'était formée, petite sans doute, mais l'importance et la beauté des anciennes maisons qui subsistent encore ou de celles qui s'écroulent, attestent que dans ces demeures régnait une aisance depuis longtemps devenue bien rare.

Auprès du premier ermitage du Saint, dans le pays de Léon, une dévotion semblable avait produit le même résultat ; mais là, l'église érigée à la place de l'oratoire abandonné n'avait pas été l'objet des mêmes faveurs ; les bienfaits concédés par les princes bretons à Saint-Ronan de Léon ou **Loc-Ronan-ar-Fancq**, étaient surtout dans l'ordre civil. Jean III y vint en 1320, et y tint sa cour. Le 21 juillet 1340, il y établit une Cour de justice, qui subsista plus de deux siècles et fut honorée par plusieurs magistrats illustres.

On ne sait à quelle époque notre Locronan de Cornouailles vit donner au prieur de son église des droits de haut-justicier. Ogée dit que cette haute-justice ressortissait à Châteaulin, et qu'il y avait deux autres hautes-justices et deux moyennes qui s'exerçaient pendant six mois à Locronan, et pendant les six autres en la paroisse de Guengat.

Sous la garde de ses magistrats, la petite ville jouissait d'une existence paisible ; sa laborieuse population vivait surtout du commerce de la toile qu'elle fournissait aux ports de pêche pour les voiles de bateaux, et plus tard au port de Brest pour les voiles de ses vaisseaux ou de ses navires ; ce qui ne doit pas faire conclure que l'industrie à Locronan ne pouvait fournir que des produits grossiers. Au temps où l'abondance de linge constituait dans les familles le luxe le plus apprécié, nos grand'mères étaient fières de montrer leurs grandes armoires remplies de draps en **toile de Locronan.** Il en était résulté que le saint Patron de la ville était devenu le Patron de l'industrie qui y régnait principalement, et le blason de la frairie des tisserands de Quimper portait l'image de son protecteur saint Ronan.

Qu'on ne dise pas que ces détails sur les deux petites villes nous ont éloigné de notre Saint. C'est parce qu'il en a sanctifié l'emplacement que des agglomérations s'y sont formées et qu'elles sont devenues ce qu'elles sont.

Si, maintenant, l'on demande pourquoi la dévotion s'est surtout attachée à l'église de Locronan, en Cornouailles, la réponse se présentera d'elle-même : ici est le tombeau du Saint.

Ce n'est point son tombeau primitif ou, pour être plus exact, le cercueil de pierre dans lequel son corps dut être certainement déposé aussitôt qu'il eut été apporté en Cornouailles. Si ce sépulcre existe encore, il doit être enseveli dans le sol, sous le monument actuel, dont M. de Fréminville donne la description suivante :

« Ce tombeau est en pierres de Kersanton, et consiste en une table massive, sur laquelle est la statue de saint Ronan représenté en habits épiscopaux, la mître en tête et la crosse dans la main gauche, il foule sous ses pieds un animal monstrueux... (1).

« Sa tête repose sur un oreiller soutenu par deux petites figures drapées dans de longues robes.

« La table sur laquelle cette statue est couchée est élevée, à environ trois pieds du sol, par six pilastres, auxquels sont adossées autant de figures d'anges, dont les uns tiennent un livre, les autres des écussons. »

M. de Fréminville aurait pu ajouter que quelques-uns de ces anges tiennent même l'un et l'autre.

(1) L'écrivain ajoute que ce monstre est « l'emblème du paganisme, que saint Ronan contribua, l'un des premiers, à extirper de ces contrées ». On trouve de ces montres sous les statues tumulaires de bien des personnages qui n'ont pas eu à extirper le paganisme.

Dom Plaine constate que, pendant la tourmente révolutionnaire, le tombeau ne fut ni profané ni souillé. On peut souscrire à cette assertion, mais à la condition de ne pas oublier qu'en ce temps-là la France eût été perdue, si les patriotes n'avaient eu assez de génie et assez d'héroïsme pour mutiler tous les blasons ; ils ne les ont pas plus épargnés sur la sépulture du vieux Saint irlandais que sur les tombeaux des rois ; peut-être y ont-ils mis plus d'acharnement qu'ailleurs, car, entre ces blasons figuraient ceux de la vieille France et de la ci-devant Bretagne ; elles se trouvaient même en alliance sous la tête du Saint.

L'opuscule de Dom Plaine est orné d'une bonne lithographie qui représente le tombeau, mais avec les armoiries rétablies, sauf sur un blason (1).

Je l'ai déjà dit : c'est dans l'oratoire de son ermitage ou **Penity** que fut enseveli saint Ronan ; son tombeau n'ayant point été déplacé, c'est donc là qu'il faut le chercher encore. La chapelle du Penity est une construction élégante et gracieuse, communiquant par deux larges arcades avec le bas-côté méridional de l'Église. Elle a aussi sa porte spéciale ouvrant extérieurement sur la **Place.**

A quelques pas du tombeau de saint Ronan se trouve adossé à une colonne un massif de maçonnerie sur lequel est une sorte de reliquaire en forme de clocher, et dans ce clocher minuscule est suspendue une cloche.

Si vous vous en rapportez au cérémonial de la **Troménie** et aux dires du pays, vous croirez que cette cloche était suspendue au cou des buffles qui transportèrent le corps de saint Ronan de son troisième ermitage au second ; mais, outre que l'objet est de trop grande dimension pour cela, on doit se demander si, dès le VIe siècle, il était d'usage de suspendre ces clochettes au cou des bœufs, et pourquoi l'on aurait conservé comme sacrée une chose aussi vulgaire par sa destination.

---

(1) Lithographié chez M. C. Desavary, Arras.

Or, si l'on veut procéder par assimilation, on arrivera à regarder comme probable que cette cloche a dû être employée au même usage que celles qui furent données à saint Pol-Aurélien par le comte Witur (1), à saint Cadoc par saint Gildas (2).

La cloche du premier évêque de Léon est conservée comme celle de saint Ronan ; elles offrent une telle ressemblance que la description de l'une peut convenir à l'autre ; M. de Kerdanet dit de la cloche de saint Paul :

« Les anciens Bretons l'appelaient **An Hyr-Glaz,** c'est-à-dire **La longue verte.** Elle a la forme d'une pyramide quadrangulaire ; ses côtés ne sont point égaux ; il y a deux grands et deux petits. Ses dimensions ne sont pas considérables ; elle a neuf pouces seulement de hauteur, six de largeur sur la base d'un de ses grands côtés et quatre pouces sur celles du petit côté. Elle n'a point été fondue au moule, comme les cloches que l'on fait aujourd'hui ; mais elle a été battue au marteau, comme nos ouvrages actuels de chaudronnerie. » Il aurait pu ajouter que la feuille de métal a été contournée et que les bords sont rejoints par des rivets de cuivre comme le reste de la cloche.

Je ne puis reproduire, ici, le récit des merveilles qui caractérisent l'histoire des cloches de saint Pol et de Cadoc ; je constaterai seulement que si elles ont gardé une si grande place dans les souvenirs des peuples, c'est qu'on les vénérait, tout humbles qu'elles fussent dans leurs dimensions, comme l'instrument béni qui servait à convoquer les fidèles pour la prière et le sacrifice, et je suis convaincu que telle était aussi la destination de la cloche de saint Ronan. Toutefois, si c'est

---

(1) Voir Albert-le-Grand : **Vie de saint Paul.** — En collaboration avec M. l'abbé Abgrall, j'ai publié une **Vie** illustrée de saint Pol-Aurélien ; la cloche de saint Pol y est reproduite, et le texte la décrit minutieusement. (Editée par la Société de Saint-Augustin, Desclée, de Brouwer et Cie, 41, rue de Metz, Lille, 1897).

(2) Voir **Légende celtique** : Saint Cadoc.

une relique, ce n'est pas la plus précieuse parmi celles que conserve l'église de Locronan. Le tombeau est vide, hélas ! il faut bien l'avouer ; mais deux côtes du Saint sont conservées dans des boîtes d'argent et proposées à la vénération des pèlerins.

Saint-Renan, en Léon, a gardé aussi une main de son Patron ; Mgr de Poulpiquet de Brescanvel, sur l'attestation de personnes dignes de foi, qui l'avaient vue honorée avant la Révolution, en a reconnu l'authenticité et approuvé le culte (1).

Si Locronan ne possède plus que deux côtes, après avoir reçu le corps du Saint récemment décédé, c'est que la cathédrale de Quimper avait revendiqué et obtenu la plus grande partie de ces saintes reliques, lorsque la France les rendit à la Bretagne après l'invasion des Normands.

En 1219, l'évêque Rainaud fit faire pour les recevoir une châsse en vermeil, fermée de deux serrures et ornée des figures des douze Apôtres. Cette châsse occupait la place d'honneur dans la cathédrale de Saint-Corentin, car elle était placée sur le sommet d'une colonnette qui dominait le grand autel.

Le 29 avril 1667, Mgr de Coëtlogon, de concert avec le Chapitre, fit descendre de la colonne la châsse qui était en mauvais état, et les reliques furent visitées par l'évêque, les chanoines et deux chirurgiens. Ceux-ci reconnurent : « l'omoplat du costé sinistre (gauche), le fémur d'une cuisse, un mantibule inférieur, un os occipital, le tibia ou agitoire d'un bras, un autre humérus, tibia ou agitoire, une des vertèbres du dos, un cubitus du bras, un morceau de radius ou cubitus, un autre cubitus ou faucille, l'apophize de l'omoplat, une des vrayes costes entière et une autre rompue, et un autre os rompu du tibia ». Cela donnait un total de quatorze ossements ou fragments d'ossements. Chose singulière, les **Trois Gouttes de Sang** et leurs nappes

(1) La relique désignée ainsi, n'est en réalité qu'une parcelle assez minime d'un doigt du Saint.

étaient dans la même châsse que les reliques de saint Ronan ! Le 15 décembre de la même année 1667, la nouvelle châsse, faite du métal de l'ancienne, fut inaugurée et prit place toujours sur la même colonne. En 1711, elle fut ouverte et visitée par Mgr de Plœuc, à l'occasion de l'établissement du nouveau maître-autel, que Mgr Sergent a si heureusement remplacé.

Les personnes qui ont lu attentivement ce qui a été publié sur le **Bras de saint Corentin** peuvent se rappeler que, dans une lettre écrite, en 1805, Daniel Sergent atteste « qu'il a eu le bonheur de sauver les reliques précieuses qui étaient à Saint-Corentin, entr'autres les reliques de saint Corentin, la nappe des trois gouttes de sang. LES RELIQUES DE SAINT RONAN, EVEQUE, la tête de saint Magloire. » Hélas, il est arrivé de ce trésor sauvé au prix d'un héroïque courage, ce qui est arrivé de tant d'autres objets précieux. Les reliques de saint Ronan, ne sont plus à la cathédrale, ou du moins il n'en reste qu'une parcelle qu'on y peut vénérer avec beaucoup d'autres reliques, dans la chapelle des **Trois Gouttes de Sang** ; c'est sur la châsse de saint Ronan que se faisaient autrefois (du moins au XVe siècle) les serments juridiques dans la ville de Quimper. Je suis porté à croire, je l'avoue, que cet hommage se rapportait plutôt à la célèbre relique des **Trois Gouttes de Sang**, renfermée dans le même reliquaire, qu'aux reliques de saint Ronan lui-même. Le motif est facile à deviner, les **Trois Gouttes de Sang** avaient coulé au moment de la prestation d'un faux serment.

IV

Ce que nous avons dit jusqu'ici montre que la mémoire de saint Ronan vit dans la Basse-Bretagne. On peut affirmer qu'après saint Corentin, saint Pol et saint Guennolé, il est le saint le plus populaire de notre diocèse de Quimper et de Léon. Mais, toute dévotion qui se maintient à travers les siècles, le doit nécessairement à des manifestations régulières et continues. C'est ce qui se produit à Locronan : le grand acte de piété, ce qu'on pourrait appeler la dévotion officielle envers saint Ronan, c'est LA TROMENIE.

« De sept ans en sept ans, dit Albert-le-Grand, se fait la procession qu'ils appellent de saint Ronan, le jour de saint Feste, en laquelle on porte ses Reliques sur un branquart à bras, richement paré, tout à l'entour de sa montagne (1) ; à laquelle procession se trouve, d'ordinaire, une grande affluence de peuple de tout le pays circonvoisin. »

« La **Grande Troménie**, dit Dom Plaine, consiste dans une grande procession composée de quinze à vingt mille personnes, devant toucher successivement au territoire de cinq paroisses, et faire douze stations à différentes chapelles de piété avec sermon, chants d'hymnes, de cantiques, d'évangiles, etc., à chacune de ces stations. Le parcours de la procession, parfaitement déterminé par la tradition immémoriale, est de tout point invariable. C'est celui que saint Ronan s'était condamné à faire pieds nus, chaque septième jour, avant de prendre aucune nourriture. Aussi la procession en question n'est-elle arrêtée ni par haie, ni par barrière, ni par prairie couverte de foin, ni par champ ensemencé. Rien ne saurait empêcher les fidèles, dans la circonstance, d'accomplir le parcours traditionnel : toute défense de l'autorité supérieure, toute prohibition à cet égard, de quelque part qu'elle vînt, serait regardée comme non avenue. On craindrait, en s'y conformant, d'encourir la disgrâce du Saint et de mériter sa colère. Les 20.000 personnes qui accompagnent cette magnifique procession, la font, d'ailleurs, avec le plus grand esprit de foi et de piété ; de mémoire d'homme on n'a jamais eu à regretter ni désordre, ni même un accident fâcheux... C'est à chaque septième

(1) M. de Kerdanet dit ici dans une note : « C'est ce qui a fait donner à cette procession le nom de Troméni, qui est le même que Troménez et signifie **le tour de la montagne** ».

année que se fait cette procession avec un éclat et une pompe qui n'a rien de comparable peut-être dans toute la France, au moins comme usage constant, ininterrompu, séculaire.

« La **Petite Troménie**, ou procession annuelle, n'a pas la même solennité ; elle a pour but de renouveler le parcours que le Saint accomplissait lui-même chaque matin à jeun, et ne dépasse pas les limites de la paroisse. »

Dom Plaine ajoute une note pour dire que **Troménie** vient de **Tro-Ménez** « tour de la montagne, » ou, d'après d'autres, de **Tro-Minich**, « tour de l'asile. »

M. de la Villemarqué appelle la **Troménie** « **Ann Droveni** », et traduit « le tour de l'asile ».

Dans l'intéressant opuscule qu'il a intitulé **Promenade dans Quimper**, M. Trévédy se pose cette question : « Parmi les milliers de pèlerins qui suivent la Grande Troménie, combien se doutent qu'ils décrivent le tour de l'asile de saint Ronan ?... C'est ainsi que la tradition conserve, à travers les siècles des usages dont le sens originaire est perdu. »

On le voit donc : le peuple traduit **Troménie** par « tour de la montagne » ; et c'est une interprétation assez naturelle, puisque d'une part la procession fait vraiment le tour de la montagne, et que le peuple ne sait guère ce que c'était qu'un asile. Quant aux savants, ils sont unanimes à reconnaître que **Troménie** signifie « tour de l'asile », et les raisons qu'ils en donnent ont bien leur valeur.

Ce nom n'appartient pas d'une manière exclusive à la procession de Locronan.

Locmaria de Quimper avait sa **Troménie** ; c'était une procession qui se faisait, chaque année, le jour de la Fête-Dieu, pour marquer la limite de l'asile du Prieuré. Le circuit n'en était pas seulement long, mais difficile ; nous n'aimerions guère, aujourd'hui, voir une procession de la Fête-Dieu », escalader le mont Frugy par le **chemin vert** qui prend la montagne en écharpe, auprès de l'emplacement de la chapelle du Pénity, contourner la montagne par des garennes qui séparent les champs de **Pen-ar-Stang** de ceux de **Crec'h-Maria**, suivre le chemin de Bénodet, par Pen-ar-Stang et le chemin de Saint-Laurent, enfin regagner Locmaria, par les chemins de Kerdrézec et de Poulguinan » (1).

La **Tréminou,** auprès de Pont-l'Abbé, était aussi une **Troménie,** et le nom même le dit.

Mais qu'étaient-ce que les asiles autour desquels se déroulaient ces processions interminables ? — C'étaient le plus souvent les lieux consacrés par la pénitence ou la mort de quelque Saint, et que l'Eglise avait transformés en refuges où un accusé était à l'abri du châtiment. Une fois entré dans l'asile, il ne pouvait en être enlevé sans la permission du prêtre qui avait la garde du lieu consacré.

Au temps où la poursuite criminelle était exercée par la partie lésée, elle pouvait n'être pas exempte de violence, et l'institution des asiles (2) est une éloquente manifestation de la sagesse de l'Eglise comme du zèle énergique qu'elle a toujours mis à défendre les opprimés. Mais les usages les meilleurs peuvent dégénérer en abus. Si les asiles avaient leur raison d'être, il ne fallait pas que leur multiplicité rendît presqu'illusoire le rôle si nécessaire de la justice ecclésiastique ou civile ; or, la Bretagne était couverte de ces refuges, que notre langue française appelait aussi « **franchises et immunités** ».

M. Trévédy remarque très bien que les lieux qui gardent le nom de **Minihy** témoignent de leur multiplicité, et il ajoute : « Tandis qu'ailleurs, l'asile ne dépassait guère le seuil de l'église ou du monastère, en Bretagne, il était quelquefois d'une grande étendue et comprenait des landes et des champs, où le réfugié

(1) **Promenade dans Quimper, par M. Trévédy.**
(2) Dom Lobineau.

faisait paître une vache dont le lait le nourrissait. L'asile de Saint-Corentin était de ce genre (1).

« Les ducs de Bretagne, comme les rois de France s'opposèrent souvent à cette extension des asiles. Le duc Pierre II, notamment, s'en plaignit au Pape Nicolas V. En réponse, le cardinal d'Estouteville, légat, publia en 1452 « un règlement pour réprimer l'abus des **Méնihis** », et l'année suivante, le Pape lui-même condamnait formellement cet abus » (2).

Inutile d'ajouter que si l'Eglise faisait rentrer les choses dans l'ordre, elle ne supprimait pas pour cela le droit d'asile auquel elle tenait tant qu' « elle punissait d'excommunication la violation des **minic'hou** (3) ; mais elle ne voulait pas qu'on vît désormais se renouveler des actes comme celui d'Alain Barbe-Torte. Ce duc de Bretagne, voulant repeupler Nantes, en avait fait un lieu d'asile ; moyen étrange qui rappelle le souvenir classique de Romulus ouvrant dans sa ville naissante un asile à tous les brigands du Latium. Nantes n'était pas la seule cité qui eut reçu ce privilège ; la ville de Saint-Malo, comme bâtie dans une île qui avait autrefois été sanctifiée par le séjour que plusieurs Saints y avaient fait, jouissait tout entière du droit d'asile » (4).

Un motif tout semblable a pu faire conférer les mêmes faveurs à Locronan, c'est-à-dire que ce lieu béni se recommandait à la vénération des princes et des prélats non-seulement par le souvenir de son patron, mais aussi par la consécration qu'il a reçue du séjour d'autres hommes qui furent ses émules en vertu. Albert-le-Grand dit en effet : « L'Hermitage de saint Ronan a esté un long temps habité par plusieurs personnages signalez en sainteté, lesquels y ont passé leur

(1) L'asile de Saint-Corentin était à Kernisy, et la **Place Neuve** était l'endroit où les réfugiés trouvaient à faire paître leurs vaches. (**Promenade...**).

(2) **Ibid.**

(3) Pitre Chevalier, **Bretagne ancienne**, page 210.

(4) Dom Lobineau.

vie en solitude, entre autres Robert, lequel, l'an 1162, fut sacré Evesque de Cornouailles, après la mort de Budik III du nom. »

C'est peut-être parce que l'ancienne demeure de saint Ronan a continué d'être ainsi habitée par des ermites, que quelques-uns ont voulu traduire **troménie** par « tour du monastère ». Mais si l'ermitage d'abord, et plus tard le prieuré bénédictin étaient compris dans l'immense circuit de la procession, ils y apparaissaient comme un point bien minime ; tout au plus pourrait-on dire que **monastère** doit ici être pris dans un sens large, et désignerait la communauté avec toutes ses possessions.

Ces explications sont un peu longues, peut-être ; mais n'est-il pas utile de renseigner les fidèles sur les vieux usages qui, comme celui du droit d'asile, montre, jusque dans ses abus, l'esprit de charité dont était animée la vieille société chrétienne ? Il sera maintenant plus facile de comprendre quelle vénération s'attachait à des lieux dont la sainteté avait attiré pareils privilèges. Aussi, Dom Plaine n'est-il pas allé au delà de la vérité en disant que la Troménie attirait toujours quinze à vingt mille pèlerins. On pourrait ajouter qu'une procession toute semblable à celle du second dimanche de juillet se célèbre le dimanche suivant, et que les fidèles y sont tout aussi nombreux ; sans doute, beaucoup d'entre eux sont ceux qui sont déjà venus la semaine précédente, mais il en est aussi qui viennent pour la première fois augmenter le nombre des dévots de saint Ronan.

Enfin, dans les six jours qui s'écoulent entre ces deux dimanches, et aussi les dimanches mêmes, en dehors des heures de procession solennelle, quantité de personnes font la Troménie en particulier.

Il faut être franc : s'il est vrai que les deux grandes processions se font sans aucun désordre, nous devons reconnaître que certaines superstitions regrettables sont venues se joindre aux pratiques de la piété ; par exemple, il en est qui prétendent que, pour avoir tout le mérite et gagner toutes les indulgences de la Troménie, il faut suivre tout le parcours sans tourner la tête, ne fût-ce qu'une seule fois ; d'autres descendent dans les fossés indiqués par la tradition, en croyant que tout serait perdu si l'on s'en écartait d'un pas. Dieu ne peut avoir pour agréables des pratiques aussi mesquines et qui ne peuvent que jeter du discrédit sur un pèlerinage approuvé par l'Eglise.

Il est une grâce que les intéressés ne demandent d'ordinaire à Dieu et aux Saints que dans le secret de leur cœur, mais qu'à la Troménie on demande par l'intercession de saint Ronan, et cela au moyen d'un procédé regrettable. Certainement, il n'y a rien de plus pur et de plus légitime pour un jeune ménage que de répéter la gracieuse prière du poète :

Seigneur, préservez-moi, préservez ceux que j'aime,
Frères, parents, amis et mes ennemis même,
Dans le mal triomphants,
De voir jamais, Seigneur, l'été sans fleurs vermeilles,
La cage sans oiseaux, la ruche sans abeilles
La maison sans enfants (1).

Mais enfin, pourquoi recourir pour cela à des usages druidiques, et ne pourrait-on appeler sur la terre ces petits envoyés du ciel sans aller présenter ses hommages à un étrange bloc mégalithique qui se trouve sur le flanc de la montagne, en face de Douarnenez ? Cette pierre est appelée **Kazec-Wenn** ou **Kazec-Mean**, « la Jument blanche ou la Jument de pierre ; » elle présente à l'une de ses extrémités la forme d'un siège très commode, et l'on prétend que c'était la « chaise de saint Ronan ». Si c'est vrai, et si le Saint affectionna cette place, cela prouverait qu'il trouvait un grand charme dans la contemplation de cette admirable nature, car à cet endroit l'on jouit d'une des plus belles vues du pays.

(1) Victor Hugo : **Lorsque l'enfant paraît...**

Pour en revenir à l'usage que l'on fait de cette pierre, il est essentiel de constater qu'il n'existe pas seulement à Locronan. Près du bourg de Moëlan, on voit un menhir qui sert à de semblables incantations ; il est donc à penser, en voyant le caractère même de ces pierres, que la coutume dont je parle viendrait du paganisme et serait absolument à condamner.

Il a été plus d'une fois question dans notre étude des périodes septennales qui s'écoulent entre deux processions de la Troménie.

On serait effectivement tenté de croire que les intervalles étaient de sept ans : c'est ce qui est indiqué par les anciens documents et en particulier par une pièce de 1768, le **cérémonial** que nous donnerons plus loin ; mais, en 1779, M. Jacob, recteur de Locronan, adressait à tous les Recteurs du diocèse de Cornouailles une lettre d'invitation où il est dit que la Troménie se célèbre tous les six ans. En réalité, il n'en a jamais été autrement.

L'Evêché de Quimper possède une de ces lettres d'invitation : elle porte d'un côté le Bref par lequel le Pape Pie VI accorde l'indulgence plénière aux pèlerins de saint Ronan, de l'autre l'invitation même. Celle-ci rappelle la concession d'indulgences, la dévotion des anciens ducs pour le pèlerinage, les faveurs obtenues du ciel à la suite des processions de la Troménie, le concours prodigieux qu'attire toujours cette fête, l'ordre parfait qui s'y maintient d'ordinaire, etc.

Le tout est bien imprimé sur beau papier ; au-dessus du Bref, sont les armes de Pie VI et de Mgr de Saint-Luc, au verso de la lettre, une adresse imprimée :

A Monsieur,

Monsieur le Recteur

de la paroisse de

Le Recteur de Locronan faisait grandement les choses.

V

L'invitation qui convie aujourd'hui les fidèles pour la Grande-Troménie prochaine, leur est adressée sous une forme plus simple ; nous osons croire cependant qu'elle aura son efficacité. Comme en 1779, nous pouvous dire que la sainte Eglise ouvre ses trésors. Le second et le troisième dimanche de juillet, il y a indulgence plénière pour quiconque, s'étant approché des sacrements de Pénitence et d'Eucharistie avec les dispositions requises, visitera l'église de Locronan, y priera aux intentions du Souverain-Pontife et fera la Grande-Troménie (1).

Est-il besoin de rappeler combien les circonstances présentes exigent le concours de tous dans les supplications les plus ardentes ?

A l'évêque irlandais qui fut associé à l'œuvre de saint Patrice, nous demandons d'appuyer dans le ciel les justes revendications de l'Irlande et de ceux qui travaillent à lui faire rendre son indépendance.

Au solitaire des forêts armoricaines, nous demanderons d'obtenir pour notre pays la paix qu'il venait surtout chercher dans sa nouvelle patrie.

A l'homme apostolique qui prêchait la parole de Dieu, nous demanderons qu'il obtienne pour nous la foi vaillante de nos ancêtres.

A l'homme indulgent et bon qui arrachait l'agneau de la gueule du loup et qui ressuscitait l'enfant de son ennemie, nous demanderons de secourir, par son intercession, les petits et les faibles en danger de perdre la vie de l'âme.

Au conseiller du roi Grallon, nous demanderons qu'il obtienne pour la France des chefs dont le premier soin soit de faire Dieu régner en maître.

---

(1) Cette indulgence a été accordée à perpétuité par Grégoire XVI, le 12 Mars 1847, la même indulgence a été obtenue pour ceux qui feront le pèlerinage de saint Ronan à tout autre jour de l'octave.

A celui que Dieu vengea, en engloutissant dans l'abîme la pécheresse endurcie blasphémant contre son serviteur, nous demanderons, suivant l'antique formule de la liturgie, « l'humiliation pour les ennemis de la sainte Eglise. »

Mais aussi, nous implorerons le secours du puissant thaumaturge pour être délivrés des maux même corporels. Nous avons vu comment les malades qui venaient à son ermitage s'en retournaient guéris. En entrant dans le ciel, saint Ronan n'a point vu diminuer sa puissance ; la confiance même qu'on lui a témoignée, les honneurs qu'on lui a rendus dans les siècles écoulés, prouvent jusqu'à l'évidence que des prodiges ont été obtenus par son intercession. Il est à regretter que les archives de Locronan, fort riches par ailleurs, ne nous renseignent pas sur les guérisons miraculeuses obtenues à la Troménie. Il se trouve bien, dans le premier registre, un chapitre intitulé : « Attestations de Miracles arrivés à la Troménie, » mais il n'est point parlé dans ce récit de faveurs accordées à des particuliers. Il n'y est question que de quatre faits fort singuliers, dont je reproduis l'exposé, bien qu'un peu trop verbeux. On remarquera que le quatrième fait n'a pas dû paraître d'une authenticité bien établie à celui qui a rédigé la pièce ; il l'insinue même d'une manière assez caustique.

1er **Miracle.** — « Attestations données par M^tre^ Hervé Croissant, vicaire de la paroisse de Locronan ; Nobles gens Mes Ollivier Lesné, s^r^ de Belair, et Laurent Nicolas, s^r^ de Quermalézet, nottaires, Mathias Le Gall, le fabricque de l'église de Saint-Ronan (1), Yves Le Guédez, sacriste, et Catherine Brunot, veuve d'Hervé Le Guédez, aussi sacriste de la d^e^ église, tous demeurant au dit Locronan ; René Le Cadiou, Anne Le Faou, veuve d'Hervé K/naléguen, Marie Dervé, veuve d'Yves K/naléguen, et Mathieu Nicolas, tous de la p^sse^ de Plonévez-Porzay. Lesquels ont attesté et affirmé par leurs

(1) Son nom est déchiré.

serments par devant les Nottaires Rapporteurs (1), avoir l'an 1677 qui étoit l'année du grand-trovény, qui se fait de tout tems immémorial audit Locronan, de sept ans en sept ans, en la qu'elle année ledit Salliou étoit fabricque de la dᵉ église de Saint-Ronan, vu les Reliques et leurs parures et ornements rendues touttes seches en la dᵉ église, et sans être aucunement mouillées, après avoir été à la coutume portées à la procession, au dit tour non obstant le gros tems et pluyes qui ne cessa depuis la sortie de la dᵉ procession, et qui y furent appelés pour voir les effets de la divine providance en cette rencontre. »

2ᵉ **Miracle.** — « ... et les dits Cadiou, Faou et Dervé, avoir en l'an 1689, qui étoit aussi l'année du dit Trovény, vu dans l'air au-dessus de la dᵉ procession, comme on montait processionnellement à la montaigne de plas-an corn avec les Reliques, des flammes de feu allant et venant dessus la dᵉ procession par deux diverses fois, et différentes places, lesquels après avoir ainsi voltigés dçà et là (sic) quelque temps, paroissoient montés tout droit à haut vers le ciel, et lesquelles leur sembloient être de l'épécesseur (sic) et grosseur de celles des grandes torches ou luminaires que l'on porte ordinairement dans les processions. »

3ᵉ **Miracle.** — « ... et le dᵗ Mathieu Nicolas, avoir de la porte de sa maison, il y a six ou sept ans, un dimanche tost apres midy, en présence de ses enfants qui n'eurent pas la mesme faculté que luy, veu une nombreuse et fort belle procession, semblable à celle du grand Tour dans la montaigne, laquelle lui paroissoit venir devers le lieu nommé Bezquéban, vers la dᵉ ville de Locronan, et y pouvant bien dicerner parmi touttes les autres la grande croix d'argent de saint Ronan, et s'estant bien infformé, sceust bien qu'il n'y estoit venu aucune procession ce mesme jour, sans pouvoir dire ce que signiffioit cela. »

(1) Ils sont nommés plus haut.

4e Miracle. — « ... et ont les dits susnommés unanimement déclarés avoir ouy dire par leurs prédécesseurs, que l'on avoit veu sortir les dictes relliques avec croix et bannieres, les cloches sonnant d'elles mesmes, et aller faire la dicte procession à pareill jour du dit tour, sans pouvoir dire n'y nommer l'année, fors la de Faou, **qui a dit avoir entendu de sa mère qui avoit apprins de son ayeul maternel**, nommé Nicolas, que c'estoit l'année qu'il avoit esté fabricque à la paroisse de Plonévez-Porzay, et qu'il estoit venu avec les armes de la de pssse au dit Locronan pour assister à la dicte procession, et qu'à cause du mauvais temps qu'il faisoit ce jour là, qu'il cestoict rettiré en la maison qui est à l'opposiste du grand portal de la de esglise, ou a autre foys demeuré Le Berre, pour estre à couvert du dict mauvais temps, lorsqu'ils virent les des Rellicques sortir processionnellement d'elles mesmes, croix et bannieres et cloches sonnantes, ce qui fist que Mrs les Prestres et quantité d'autres les suivirent.

Suivent les signatures :

« Croissant, prêtre et ancien vicaire, O. Lesné, La Nicollas, Mathias Le Gall, Yvon Le Guédez, Louis Le Grand **pour** Salliou, Mathurin Quéméner **pour** Cadiou, Urbain Tanguy **pour** la de Brunot, Jean Nihouarn **pour** Mathieu Nicolas, Malo Gourlaouen pour la dlle Le Faou, Jean Gourlaouen, le jeune pour la dlle Dervé, ne sçachant signer.

« Du 18 septembre 1689.

» Signé : Véron, nottaire, et R. Brichet, nottaires. »

(Lettre B, Layette 2, Liasse 7, no 2.)

A la suite de ces indications, on lit ces mots :

« Y joint une attestation d'autres miracles de date plus récente. »

Malheureusement ce document a disparu.

Ce double récit de processions fantastiques a pris place dans les souvenirs populaires. M. de la Villemarqué termine ainsi la note intéressante dont il fait suivre dans le **Barzaz-Breiz** le vieux **Gwerz** de saint Ronan :

« J'ai entendu chanter par un aveugle, pendant une des stations, le couplet que voici, qui pour être moderne n'en a pas moins son prix :

» Un jour que le temps était défavorable et qu'il em-
» pêchait la procession de sortir, on vit les reliques du
» Saint, les croix et les bannières se mettre en marche
» toutes seules au son des cloches sonnant d'elles-
» mêmes. »

VI

Dom Plaine dit :

« **Le cérémonial latin** de la Grande Troménie, qui remontait au moins au XV° siècle, se conservait à Loc-Ronan jusqu'à ces dernières années. M. Pol de Courcy nous a déclaré, **ore proprio,** qu'il l'avait vu et consulté vers 1860. »

Ce que M. de Courcy a vu n'est pas un manuscrit original du XV° siècle, mais bien la copie que j'ai entre les mains ; égarée lors de la visite de Dom Plaine à Locronan, elle a été retrouvée depuis cette époque.

Ce document, dont je vais donner la traduction, est fort bien écrit sur beau papier, et il a la prétention d'indiquer « l'ordre très ancien (**ordo perantiquus**) des prières liturgiques qui se faisaient à la procession solennelle ». Je suis cependant porté à croire que le texte, s'il remonte réellement au XV° siècle, n'est pas sans avoir subi au moins une modification.

ORDRE TRÈS ANCIEN

DES SUPPLICATIONS SOLENNELLES

VULGAIREMENT APPELÉES *Troménie*

Voici l'ordre dans lequel on a coutume de chanter les évangiles, les hymnes et les autres prières qui, conformément à un usage très ancien, se récitent à la procession traditionnelle de la basilique de saint Ronan, de Névet. Ce parcours se fait tous les (sept ans) le second dimanche de juillet, et l'on y porte les reliques de saint Ronan, les lumières que l'on connaît, la petite cloche autrefois suspendue au cou des bœufs indomptés qui traînèrent le chariot, chargé du corps du Saint, du pays de Léon (1) au lieu où il fut enseveli, c'est-à-dire à Locronan, dans la forêt de Névet, au diocèse de Cornouailles

STATIONS

Dans la chapelle du Pénity de Saint-Ronan on chante..................................	*Veni Creator.*
De la chapelle à la 1re croix....................	*Iste Confessor.*
1re Station à la 1re croix : *Evangile*......... (A la troisième messe du jour de Noël.).	Au commencement était le Verbe. (S. Jean, ch. 1.)
Ensuite, l'hymne (d'un seul martyr).......	*Deus tuorum militum*
2me Station à la 2me croix : *Evangile* .... (A la fête de l'Invention de la Sainte-Croix, 3 Mai.)	Il y avait un homme d'entre les Pharisiens. (S. Jean. ch. 3),
Ensuite, l'hymne	*Vexilla Regis.*
3me Station près de Rosancelin ; *Evangile.* (Au dimanche dans l'octave de l'Ascension.)	Lorsque l'Esprit consolateur sera venu, (S. Jean, ch. 15, 16.)
Ensuite, l'hymne (d'un seul martyr).......	*Deus tuorum militum*
4me Station près de la fontaine : *Evangile.* (Au second dimanche du Carême.)	Jésus prit avec lui Pierre, Jacques et Jean, (S. Mathieu. ch. 17.)

(1) Il ne faut pas oublier que notre Saint mourut non à Saint-Renan de Léon, mais à Hilion.

Ensuite l'hymne	*Ave maris Stella.*
5me Station à la croix de Troyout : *Evangile.* (Au dimanche de la Pentecôte.)	Si quelqu'un m'aime (S. Jean, ch. 14.)
Ensuite l'hymne (d'un seul martyr).......	*Deus tuorum militum*
6me Station à la croix de Ruz-Omnès, (aujourd'hui *Croix Rouge*) : *Evangile*....... A la fête de saint Michel, 29 septembre).	Les disciples s'approchèrent de Jésus. (S. Mathieu, ch. 18)
Ensuite l'hymne de saint Michel...	*Tibi, Christe, splendor* (1).
7me Station à la croix Leustec : *Evangile*.. (A la vigile d'un apôtre.)	Mon précepte fondamental c'est que... (S. Jean, ch. 15.)
Ensuite l'hymne (d'un Apôtre).............	*Exultet cœlum* (2).
8me Station près de Saint-Guennolé : *Evangile*.. (Du commun d'un martyr.)	Si quelqu'un veut venir après moi (S. Mathieu, ch. 16.)
Ensuite l'hymne (d'un seul martyr).......	*Deus tuorum militum*
9me Station près du Bourlann : *Evangile*... (Du commun de plusieurs martyrs.)	Jésus descendant de la montagne. (S. Luc, ch. c.)

Au pied de la montagne tous se mettent à genoux et l'on entonne le psaume **Miserere mei** (4e ton).

10me Station à Plaç-ar-C'horn : *Evangile*... (A la fête de la Nativité de la T.-S. Vierge, 8 septembre.)	*Livre généalogique.* (S. Mathieu, ch. 1.)
Ensuite a lieu le SERMON.	
Après le Sermon, l'hymne.................	*Iste Confessor.*
11me Station à la croix de Saint-Théliau : *Evangile* .... (Du commun d'un confesseur non pontife.)	Que vos reins soient ceints. (S. Luc, ch. 12.)
Ensuite, l'hymne............................	*Iste Confessor.*
12me Station à la chapelle de Saint-Maurice : *Evangile*................................ (Du commun des abbés.)	Voilà que nous avons tout quitté. (S. Mathieu, ch. 12).
Ensuite, l'hymne............................	*Iste Confessor.*

Ici se termine le chant des évangiles, et l'on continue la procession. Lorsque l'hymne **Iste Confessor** est finie, on chante les Litanies des Saints ou de la Très Sainte-Vierge ; puis, auprès du Gorréquer, on commence les vêpres, qui se terminent dans la chapelle du Pénity, et l'on chante l'hymne **Te Deum laudamus.**

---

(1) Nouvel usage : **Te splendor et virtus Patris.**
(2) Id. **Exultet orbis gaudiis.**

Tel était l'ancien usage ; mais depuis que l'exposition du Très Saint-Sacrement est permise en cette solennité, après avoir terminé les Vêpres dans la chapelle, on se rend dans la grande église, où l'on chante **Tantum ergo** et **Genitori**, le répons de saint Ronan, les oraisons du Très Saint-Sacrement et de saint Ronan, et l'on donne la bénédiction. Après quoi, l'on chante le **Te Deum**.

Le troisième dimanche de juillet, on renouvelle cette procession, en gardant les mêmes rites.

***

Il a été parlé, dans le préambule de ce document, **de lumières que l'on connaît** ; ce sont de grandes torches que tout le monde connaît, il est vrai, si par **tout le monde** on entend le bon peuple de Locronan.

Plusieurs autres remarques sont à faire pour compléter le cérémonial qui précède : à chacune des stations l'on dispose une sorte de chapelle ou de tente, dans laquelle est placée une statue. Dans l'origine, un rapport a dû exister entre le choix des statues et le choix des hymnes et des évangiles. Comme ce rapport ne se retrouve plus pour plusieurs des saints, il faut supposer que les chants sont restés les mêmes, mais que de nouvelles images ont été substituées aux anciennes, ou que quelques-unes ont changé de chapelle.

1re Station : Statue de saint Eutrope, évêque de Saintes et martyr. L'hymne **Deus tuorum militum** a donc ici sa raison d'être. Le commencement de l'évangile de saint Jean est aussi bien choisi, non par rapport au Saint, mais comme début des douze leçons évangéliques qui vont être chantées. Saint Eutrope est particulièrement vénéré à Locronan ; on y conserve une de ses reliques dans une petite châsse d'argent, vrai bijou de l'orfèvrerie à la Renaissance.

2e **Station : Ecce homo** (à Locronan on l'appelle le **Père Eternel**) ; l'évangile et l'hymne de l'Invention de la Croix sont donc bien appropriés.

3e **Station** : Saint Germain d'Auxerre, patron de Kerlaz ; on chante l'hymne d'un martyr ; saint Germain étant confesseur, il y a donc eu ici substitution.

4e **Station** : Sainte Anne-la-Palue, qui a remplacé probablement **N.-D. de Bonne-Nouvelle,** car on chante **Ave maris stella.**

5e **Station** : Notre-Dame de Bonne-Nouvelle, hymne des martyrs, donc nouvelle substitution.

6e **Station** : Saint Milliau, patron de Plonévez-Porzay, martyr : l'évangile et l'hymne sont de l'archange saint Michel, dont la statue ne figure plus à la Troménie (1).

7e **Station** : Saint Jean l'évangéliste ; ici tout est d'accord ; l'évangile et l'hymne sont du commun des Apôtres.

8e **Station** : Saint Guennolé, confesseur et abbé ; et cependant l'on chante l'évangile et l'hymne d'un martyr.

9e **Station** : Saint Ouen, confesseur-pontife, patron de Quéménéven. Ici les chants n'ont plus rapport au Saint ; mais au pied de la montagne on chante l'évangile du **sermon sur la montagne,** puis le psaume **Miserere mei,** avant de gravir la hauteur.

10e **Station** : Saint Ronan. A la Troménie de 1887, outre la statue apportée pour la circonstance, les pèlerins ont trouvé une nouvelle statue sur le sommet d'un petit monument qui signale désormais **Plaç-ar-C'horn,** et sert de chaire pour la prédication.

(1) Il y avait une chapelle de Saint-Michel à l'entrée du bourg de Plonévez ; c'est à l'archange, patron de cette chapelle, que se rapportait donc la 6e station ; saint Milliau devait avoir la 3e, et saint Laurent, patron d'une autre chapelle de Plonévez, devait avoir la 5e ou la 8e.

11e Station : Saint Théliau : le cérémonial désigne saint Eloi (**crucem S. Eligii**) ; c'est une erreur (1) ; cette confusion est trop souvent faite : il n'y a rien de commun entre saint Théliau, évêque de Landaff (ou Lanlaff), beau-frère de Budic, comte de Cornouailles, et saint Eloi, le ministre et l'ami de Dagobert. Saint Théliau, très honoré autrefois dans notre pays, est patron d'une belle chapelle en Plogonnec ; on le représente monté sur un cerf ; on peut le voir ainsi dans une verrière de Plogonnec (église paroissiale), dans une statue de la chapelle de Kerdévot (Ergué-Gabéric) et sur des panneaux de vieux meubles bretons, lits clos ou armoires ; il est encore patron de la paroisse de Landeleau (**Lan-Teilau**).

A cette station, l'hymne convient à un confesseur pontife.

12e Station : Saint Maurice, dont la chapelle n'existe plus : il s'agit ici, non du chef de la légion thébaine, mais de saint Maurice, moine de l'ordre des Citeaux, d'abord abbé de Notre-Dame de Langonnet, puis premier abbé de Carnoët, abbaye à laquelle il a donné son nom. Les chants sont encore ici d'accord avec le Saint qu'on veut honorer.

Que les Saints des deux Bretagnes et d'Irlande prient pour nous !

Que saint Ronan et tous les Saints honorés à la Troménie intercèdent pour nous !

Amen.

---

(1) C'est précisément ce qui me fait croire que si le **cérémonial** est du XVe siècle, il a subi une interpolation. Au XVe siècle, on n'eut pas confondu saint Théliau avec saint Eloi : c'était le moment même où l'on reproduisait son image dans la verrière qui est aujourd'hui à Plogonnec (mais qui provient, dit-on, de la chapelle même du Saint). C'est seulement dans le XVIIe siècle, que des ignorants, se donnant des airs de grands critiques, ont substitué des Saints français aux Saints bretons qui n'avaient pas l'honneur de leur être connus.

APPENDICE

I.

En l'an 1706 « Messire Louis Moreau, s[r] de Rosaven, sindic perpétuel de la p[sse] de Locronan », conclut un marché avec « Louis Bariou, menuisier, faisant tant pour lui que pour son gendre de Quimper ».

Louis Bariou s'engageait à « faire une chaire à prêcher dans l'église paroissiale dudit Locronan, conforme en tout à celle de Crozon, tant en sculpture qu'autrement, à l'exception du changement qu'il ferait du mystère de saint Ronan, à la place de ceux de saint Pierre, la l[e] chaire, pour la somme de 350 livres ».

Le 18 juillet de cette même année 1706, les paroissiens de Locronan approuvèrent ce marché.

Le travail ne tarda guère d'être achevé, car la porte du bas de la chaire porte la date de 1707, avec les noms de vénérable et discret Messire (V. D. M.) Mathurin (M[rin]) Sene, vicaire perpétuel (V. PPL.) (1), et de M. Lhalnay, curé.

Ce qui signale cette chaire à l'attention, ce n'est pas son antiquité, puisqu'elle date des premières années du dernier siècle : ce n'est pas l'élégance de ses sculptures, bien que, pour l'époque, elles ne soient pas dépourvues d'une certaine grâce dans leur ensemble, mais par cela même que ses différents panneaux portent en dix médaillons « le mystère de saint Ronan », c'est-à-dire les principales scènes de son histoire, elle attire nécessairement les regards des visiteurs.

---

(1) Le **vicaire perpétuel** remplaçait le prieur et en faisait les fonctions ; le **curé** était simplement le vicaire du précédent

La série de ses bas-reliefs commence au pied de l'escalier de la chaire :

1° Saint Ronan, revêtu de ses insignes épiscopaux, est conduit par un ange dans la solitude.

2° Par la fenêtre de son ermitage, saint Ronan s'entretient avec le paysan son disciple. Keban, qui les surprend dans leur saint colloque, ne paraît pas contente.

3° Saint Ronan est assis en dehors de son ermitage ; le bon paysan est à genoux près de lui ; le loup arrive portant un agneau dans sa gueule, mais, sur l'ordre du Saint, il abandonne sa proie. Keban témoigne sa reconnaissance en montrant le poing à l'ermite.

4° Saint Ronan se tient debout sur le seuil de sa cellule ; il guérit un boîteux qui s'appuie sur deux béquilles, et une femme paralytique qu'un homme soutient à demi.

5° Le cinquième bas-relief devrait occuper la septième place ; il représente la scène que le **Chant populaire** raconte en ces termes :

« On tira Ronan du cachot, on l'attacha à un arbre, et on lâcha sur lui deux chiens sauvages affamés. Sans s'émouvoir et sans avoir peur, il fit un signe de croix sur son cœur, et les chiens reculèrent tout d'un coup en hurlant lamentablement comme s'ils eussent mis le pied dans le feu. »

Il est bien fâcheux que la transposition des panneaux ait enlevé à ce tableau sa signification, il est composé d'une façon assez originale : deux paysans, portant la veste bleue et le **bragou-bras**, excitent les chiens ; pour cela, l'un d'eux se sert d'une fourche.

6° Trompé par les calomnies de Keban, Grallon avait ordonné d'amener saint Ronan à Quimper ; on le voit conduit par deux paysans vêtus comme dans le panneau précédent ; devant eux s'avance, à cheval, un personnage en pourpoint rouge, rabat blanc et perruque de magistrat.

Naturellement, Keban suit, et comme elle vient se plaindre de ce qu'on lui a tué sa fille, elle est vêtue de deuil et porte la coiffe jaune.

7° (Ici donc aurait dû être placé le cinquième tableau.) Celui-ci représente saint Ronan ressuscitant la fille de Keban, qui était morte, faute d'air, dans le coffre où sa mère l'avait enfermée.

Le sculpteur a donc été mal inspiré quand il a donné à ce coffre l'aspect gracieux et poétique d'une cage à poulets, dans laquelle la pauvre enfant eût pu respirer tout à son aise (mais, on ne pense pas à tout) ; en revenant à la vie l'enfant s'est agenouillée dans sa cage. Keban met son doigt sur sa bouche, est-ce pour défendre à l'enfant de parler ?

8° Dans le premier panneau seulement, saint Ronan a paru vêtu en évêque ; dans les tableaux suivants, il porte un costume d'ermite. Maintenant, au moment de mourir, il retrouve les insignes de la dignité qu'il a voulu faire oublier depuis son entrée en Armorique.

La crosse est au chevet de son pauvre lit, et un ange descend du ciel pour le couronner de la mître des pontifes. Un dragon, étranglé au moyen d'une chaîne, râle au pied du lit et figure le démon vaincu.

9° Le corps de saint Ronan arrive en Cornouailles ; il est placé sur une charrette de vrai style breton ; le Saint est en ornements épiscopaux ; il a la tête près de l'attelage ; les trois évêques mentionnés dans le **Chant populaire** mènent le deuil ; Keban brandit son battoir.

10° Par le sujet qu'il représente et la place qu'il occupe, ce médaillon ne fait pas partie du « mystère de saint Ronan. » Il se voit sur le côté du dossier de la chaire et montre saint Ronan bénissant un seigneur et une dame agenouillés à ses pieds.

Est-ce un souvenir du voyage d'Anne de Bretagne à Locronan ; le seigneur serait-il Charles VIII, ou

Louis XII, ou bien les deux personnages représenteraient-ils un seigneur de Névet et sa femme ? — Je ne saurais le dire ; et il n'y a ni nom ni armoiries pour nous fixer sur ce point.

II.

Si l'on a trouvé quelqu'intérêt à voir les princes, les seigneurs et le peuple rivaliser de générosité pour la construction de l'église de Locronan, on serait peut-être heureux de savoir quel est le maître tailleur de pierre qui a mené à bonne fin une œuvre aussi importante : il s'appelait Pierre An Goaraguer, et en 1486, il fut appelé à Quimper par l'évêque Alain Le Maout, qui voulait conférer avec lui au sujet de voûtes à élever au-dessus du transept de la cathédrale. Ne pouvant abandonner l'œuvre de l'église de Locronan, Pierre An Goaraguer se borna à donner son avis sur ce qu'il y avait à faire, et le travail de la cathédrale fut confié à Guillaume An Goaraguer (c'est-à-dire à son fils, selon que le présume M. Le Men, **Monographie de la cathédrale**).

III.

En 1640, la foudre atteignit l'église de Locronan, et y causa des dégâts considérables. Il fallut faire au corps même de l'édifice, à la tour, aux fenêtres et aux vitres, des réparations qui exigèrent une dépense totale de 3.630 livres (**compte** du 11 avril 1641). Vers 1807, le tonnerre frappa de nouveau l'église ; cette fois, la flèche s'écroula et brisa dans sa chute d'élégants pinacles et une partie des balustrades du fronton ou des murs latéraux. Cette flèche était très haute et très belle ; il y a peu d'années, quelques vieillards se souvenaient de l'avoir vue et en déploraient encore la ruine.

FIN.

BREST

IMPRIMERIE DE LA PRESSE LIBÉRALE DU FINISTÈRE

4, Rue du Château, 4

www.ingramcontent.com/pod-product-compliance
Ingram Content Group UK Ltd.
Pitfield, Milton Keynes, MK11 3LW, UK
UKHW021639260726
13994UKWH00003B/1221